サブスリー漫画家 激走山

みやすのんき

はじめに

「サブスリー漫画家 激走 山へ！」

　このタイトルはウルトラセブンの17／18話である「ウルトラ警備隊 西へ」へのオマージュを込めたものです。実はこれ、２０１７年の日本山岳耐久レース、通称ハセツネCUPのレース中にふと頭に湧いてきたもの。そして同時にカバーイラストも「こんな感じがいいな……」と思いつきました。普通の人は山好きといってもなかなか雨の山に、しかも昼間ならまだしも真夜中に登らないものです。しかも吸い込まれるような夜霧の中、濡れた路面でいつ滑って崖から滑落してもおかしくない狭い登山道をヘッドライトを照らしながら走っているなんて！

　カバーイラストは本の顔ですから、今回の本のハイライトである日本山岳耐久レースの雰囲気を出すのが一番だと思っていました。今でもあの暗闇を切り裂くように走る感覚は脳裏に焼きついています。それを素直に表したかった。実際いいイラストになったと思います。

　第一弾『走れ！マンガ家ひぃこらサブスリー』はスポーツを今までやってこなかった中

高年に差し掛かった市民ランナーがサブスリー達成のためにどうするかを中心に書きました。おかげさまで評判もよく、第二弾の企画が割と早い段階で立ち上がりました。そこで編集さんから提案されたのが「山の歩き方」。今となっては「え?」という感じですが当時はまだ私の方向性も定まっていませんでした。

「みやすさん、トレランも楽しまれてますよね。あの山をダ〜ッて走るやつ……」

関東の低山ですが、私は1年に数度、トレイルランニングを仲間と楽しんでいました。といってもスピードを目いっぱい上げてのタイムアタックなどはせず大会にも参加経験なし。頂上でお弁当をひろげてのんびり楽しむレジャーとしてのスタイルです。

担当編集さんは元大学山岳部でまさに昔ながらの山屋(アルピニスト)さん。彼のSNSにはよく雪山に登った当時の写真が投稿されています。真っ黒く日焼けした彼は鳥打ち帽子を被り誇らしげに写っています。登山といえばニッカポッカに重たい山靴が当たり前の時代です。トレイルランニングをする人はご存知だと思いますが登山家とトレイルランナーは一部で相性がとても悪い(笑)。確かにのんびり登山道を歩いているのに、いきなり後ろから身軽な短パンTシャツで装備も心もとない連中からダーッと追い抜かれるのですからいい気持ちはしませんよね。編集さんは日々それを苦々しく思っていたらしく、山なら俺のフィールドとばかりに論争を仕掛けてきたのです。

「中高年の登山も危なっかしいけど、トレランって〜、山への冒涜だと思うんですよね。あんな軽装シューズ履いて肌を露出した恰好で奇声を上げて走るなんて。そもそも一歩一歩とまれるようなスピードで歩く事で登山は安全性を確保されるわけですからね！」

私はそれに対しこう反論。

・地面を踏みしめて歩くようなスタイルは重たい登山靴だからこそ生まれたもの。
・ガレた岩場では重登山靴では足首の可動域が制限されてバランスを崩しかえって危ない。
・まだ若いならバランスに頼った無理な歩き方や動きができるだろうが、中高年になったら正しい歩き方を意識しなくてはいけない。
・山を走るからよくないのではない。歩く人も走る人も植生や動物などの自然体系の事をよく考えて、登山道整備をしてくれた人たちや山への感謝の気持ちを持って登るべし。
・トレイルランニングが軽装なのは早め早めの行動を取る事に繋がり、結果として安全を確保できる事もある。
・そもそもバスに乗り遅れそうになったらあなただって走るでしょう？

と旧態依然とした登山スタイルの問題点を丁寧に説明していったのですが、彼は腑に落ちません。今まで信じていた登山スタイルを否定された気分になったのでしょう。

「だったら平地のマラソンだけじゃなくトレイルランニングの大会にも出てみやすのんき理論を証明してくださいよ！」


結果としては営業部の方針もあり、第二弾は初中級者向けのキャッチーな大転子というキーワードを掲げた『「大転子ランニング」で走れ！マンガ家53歳でもサブスリー』に落ち着いたのですが、第三弾の企画会議で彼はまたトレイルランニングの話を吹っかけてきたのです。


私は第三弾は何となく旅ラン本を作りたいと思っていました。ガチなマラソンから離れて各地を巡る旅もいいのではないかと。彼は浮かぬ顔です。

「……それ普通っぽくないすか？」

「旅先で出会った人々との交流とか面白いと思うんですけどね」

「鶴瓶さんじゃあるまいし。なんかこうもっとスリルが欲しいんですよ。みやすさんが死んじゃいそうになるような」

いやいや、あの、私はですね、若手の芸人とかじゃなくって50代半ばの初老のマンガ家

なんですけど……（心の声）

「……トレイルランニングでサブスリー的な市民ランナーの目標タイムはあるんですか？」

「それは大会によって走る距離も高度も違ってくるので単純に比較はできないんじゃないでしょうか。しかも山は天気に左右されやすいので同じ大会でも毎年コース状況は変わりますから」

「日本のトレイルランニングで有名な大会はなんですか？？」

「そうですね、知名度で言うと日本山岳耐久レース、通称ハセツネＣＵＰと富士登山競走、あとは今年は開催されないけどＵＴＭＦかな……」

「じゃあ、２０１７年はハセツネと富士登山競走に出ませんか？みやすのんきの山理論を証明してくださいよ」

「え……、そんなすごい大会に？そもそも山のレース自体出た事ないんですけど」

彼は私の困惑した顔を見逃さず、ニヤリと笑いました。

「自信ないとか？思ったんですけど、みやすさんって平坦なところは速いけど、山だとそんなでもないんじゃないかなって」

「いや、第一弾でも触れたように私は膝の前十字靭帯を断裂していて、横の動きもあるトレイルのレーススピードだと正直対応できないかもしれません。それに私はド近眼で夜目が利かないから夜中に山を走るなんて……」

「やる前から言い訳ですか？」

「（うっ）……」

「その後でサブスリーもできれば達成してください。できればの話ですけどね、第三弾になるとそのくらい盛り沢山にしないと駄目ですから！」

　彼はそれぞれの大会事務局に連絡を取り、私の二大会の出走を決めてしまいました。ちょっと面食らったのが富士登山競走です。本来、五合目コースを制限時間内に完走した選手が翌年以降の山頂コース挑戦へのチケットを手にする事ができるのですが、オープン参加という名目でいきなり山頂コースへのエントリーをされてしまった事でした。「五合目コースならまぁ何とか……」と高を括っていた私は、経験もないままいきなり富士山頂コースへの挑戦をしなくてはいけなくなりました。

　２０１７年、負けられない戦いの幕が開けました。

第3章 一寸先は漆黒の闇！ハセツネCUP日本山岳耐久レース挑戦

●本書で使用した地図・鳥瞰図は、ＤＡＮ杉本氏作成の３Ｄ地図ナビゲーター『カシミール３Ｄ』と「スーパー地形セット」、国土地理院の「地理院地図」とを組み合わせて作成したものです。
http://www.kashmir3d.com/
●本書に記載した距離は、各大会の公式サイトに掲載されているものです。また標高は、各大会の公式サイトに掲載されているものと、実測値のものとがあります。ＧＰＳで取得した高度とは異なる場合があります。

第1章
トレイルランニング自由自在！楽な歩き方と走り方

1 トレイルランニングの歩き方と走り方を考察せよ

本章は、主に無雪期の低山を歩く技術とトレイルランニングの技術を解説しています。年齢を重ねた中高年で運動オンチの人間が、全マラソン競技人口の3％未満といわれるサブスリーを達成する過程で構築したランニング技術をフィードバックした上で、富士登山競走や日本山岳耐久レースに参戦した経験則を元にアップデートした内容となっています。今までの常識とは違うと感じられる部分も多々ありますが、若さや筋力に頼らず、より理にかなった無理のない身体の動きで説明しています。

■トレイルランニングも基本はまず歩きにあり

トレイルランニングはまさに登山道を走る事ですが、トレイルを走った事がない人にとって、トレイルランニングは常に「走り続ける」というイメージをお持ちかと思います。トレイルランニングの大会で先頭付近を走る一部の選手が急登の斜面も駆け登る映像を観てそう思ってしまう人が多いのでしょうが、ほとんどのランナーは歩いています。本書はエリートランナーも参考になるとは思いますが、主に一般の市民ランナーの体力に合わせた内容になっています。ほとんどのトレイルランナーは走るよりも「歩く」、つまり両足が浮いた「走っている」状態よりも、片足のどちらかは地面についた「歩き」の局面が多くあるのです。特に登りはそうです。本書はトレイルランニングに特化した内容ですが、登山の基本はあくまで歩きです。歩きの延長線上に走りがあります。まずは「山の歩き方」からアプローチしてみましょう。

■健康ウォーキングの類いは、歩く時に筋肉は極力使わないという原則が抜けている

人間は他の動物と違い、脊椎を立てた恒久的な二足歩行を身につけました。骨盤から大腿部が振り出され、それに伴って膝下が振り出される二重振り子の原理、そして左右の足をリズミカルに動かす事によってお互いの足のエネルギーを効率よく次の足の振り出しに利用できるようになっています。つまり楽に移動ができるように、人間の歩行はシステム化されているのです。そのおかげで我々の祖先は太古の昔に狩猟で動物を追いかけたり気候の変動に合わせて長距離を移動する事ができたのです。これが腕立て伏せやスクワットのように筋肉の出力を多く使う方法だったらどうでしょう。たぶん人間は50歩程度の移動でも疲れてしまう事になります。すなわち歩行とは、なるべく筋肉を使わないで歩くのが本来の姿なのです。

ところが健康ウォーキングと称してつま先から蹴り出し、踵から着地する大股でのっし

のっしと歩く歩き方の教えが横行しています。自然の摂理に反してわざとウォーキングエコノミー（歩く効率性）を下げて、無駄に筋肉を使い中高年の衰えた足腰に無理をさせてしまう歩き方です。

その誤った指導を列挙してみましょう。

・膝はまっすぐ伸ばしてつま先を上げて踵から着地しましょう。
・親指の付け根で地面を力強く蹴り出してひっかくように進みましょう。
・肘を曲げて腕は前後にぶんぶんと大きく振って歩きましょう。
・歩幅はできるだけ広く取り大股で歩きましょう。

健康ウォーキングという名前なのに、普段の生活にはおよそ使えません。要するに歩幅を開いて踵からブレーキを掛けて前方に着地しているので、それに抗うには後ろ足は思いっきり蹴り出して進まなきゃダメなのです。なんと非効率的な歩き方なのでしょうか。当然、左右の足の連動性もあったものじゃありませんから絶望的に歩くのが遅くなります。速歩でも何でもありません。もちろん健康ウォーキングは山歩きにも無駄に疲れてしまって使えません。その証拠に実際そんな歩き方をしている登山者は見かけた事がありませんよね。無駄を排除する、省エネ歩行こそが山の歩き方の核心です。

近所の公園で歩くぶんなら無駄に疲れるだけでいいかもしれませんが、つま先で蹴り出したり、膝を曲げないで踵から着地する歩き方を続けていたら末端意識だけで歩く癖がつき、足に重大な故障を抱えてしまう危険性すらあります。

■楽にすたすたと速く歩けてしまう大転子ウォーキングの基本はコレだけ！

本書でお薦めする山の歩き方は、ウォーキングエコノミー、そして膝や足首、腰などに負担を掛けない事に特化しています。私が『驚異の大転子ウォーキング』（彩図社／2016年）で提案した、長時間歩いても疲れず楽に速く歩けるメソッドをおさらいしてみましょう。

大転子とは大腿骨の上の部分の名称です。身体の側面でおへソより少し下の位置に骨盤の出っ張りに触れる事ができますが、そこより10㎝ほど下にまた固い部分があります。それが大転子です。その奥側に股関節がありますが意識しにくいので、体表に近い大転子をランドマークとして意識する事を私はお薦めしています。また下のイラストの通り、骨盤の横に大腿骨は股関節から内側に絞られるように膝に接続します。この角度をQアングルといって、足の着地点は股関節の真下の地面ではなく中央に寄って着地します。ゆえに人間はバランスを崩さずに片足立ちができるのです。

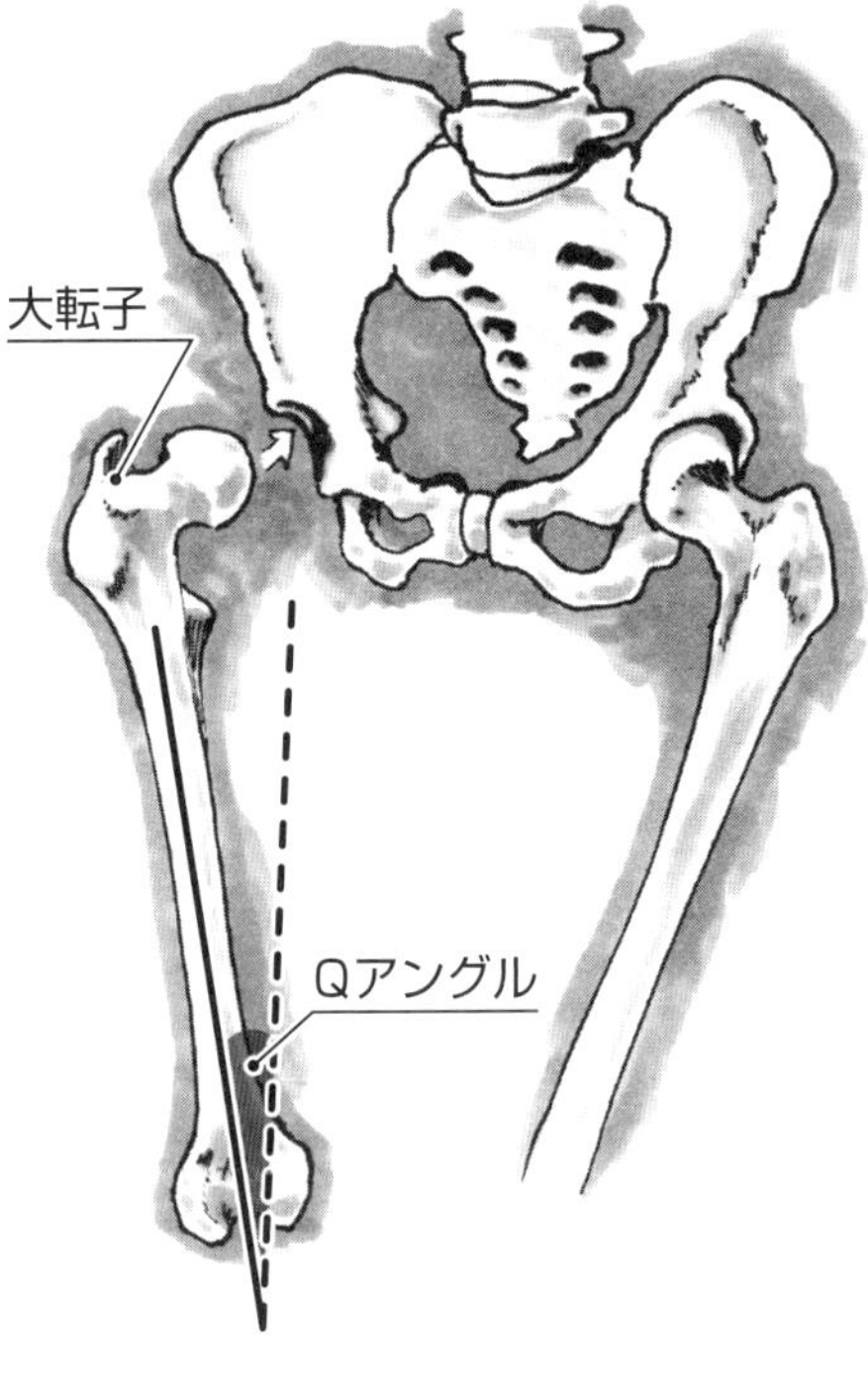

① 多少細かいですがぜひ自分の身体でやってみてください。左足を支持脚として説明し

ます。右足は浮いた足、すなわち遊脚です。左足の膝を曲げずにその上に骨盤をしっかり乗せます。正しく軸足の上に骨盤が乗っかると右足には一切、荷重されません。片足立ちになるとバランスを保つのが難しくフラつく方は手すりや壁に手をついて構いません。体重がしっかり掛かると大転子は外側に少し張り出します。後ろから見るとお尻はやや左に寄っています。頭のほぼ真下に左足があります。片足立ちになっても骨で支えているので、左足に余計な筋力は入れなくとも立つ事ができるはずです。

② ①の姿勢から右足を一歩、膝を振り出します。その時、膝は内旋しています。膝が一番前に出たあたりで骨盤の左側が前に出て右側が後ろに引かれ始めます。ゆえに右膝はやや外側を向く事になります。また左膝は内旋して内側を向いていきます。左足の荷重が

①

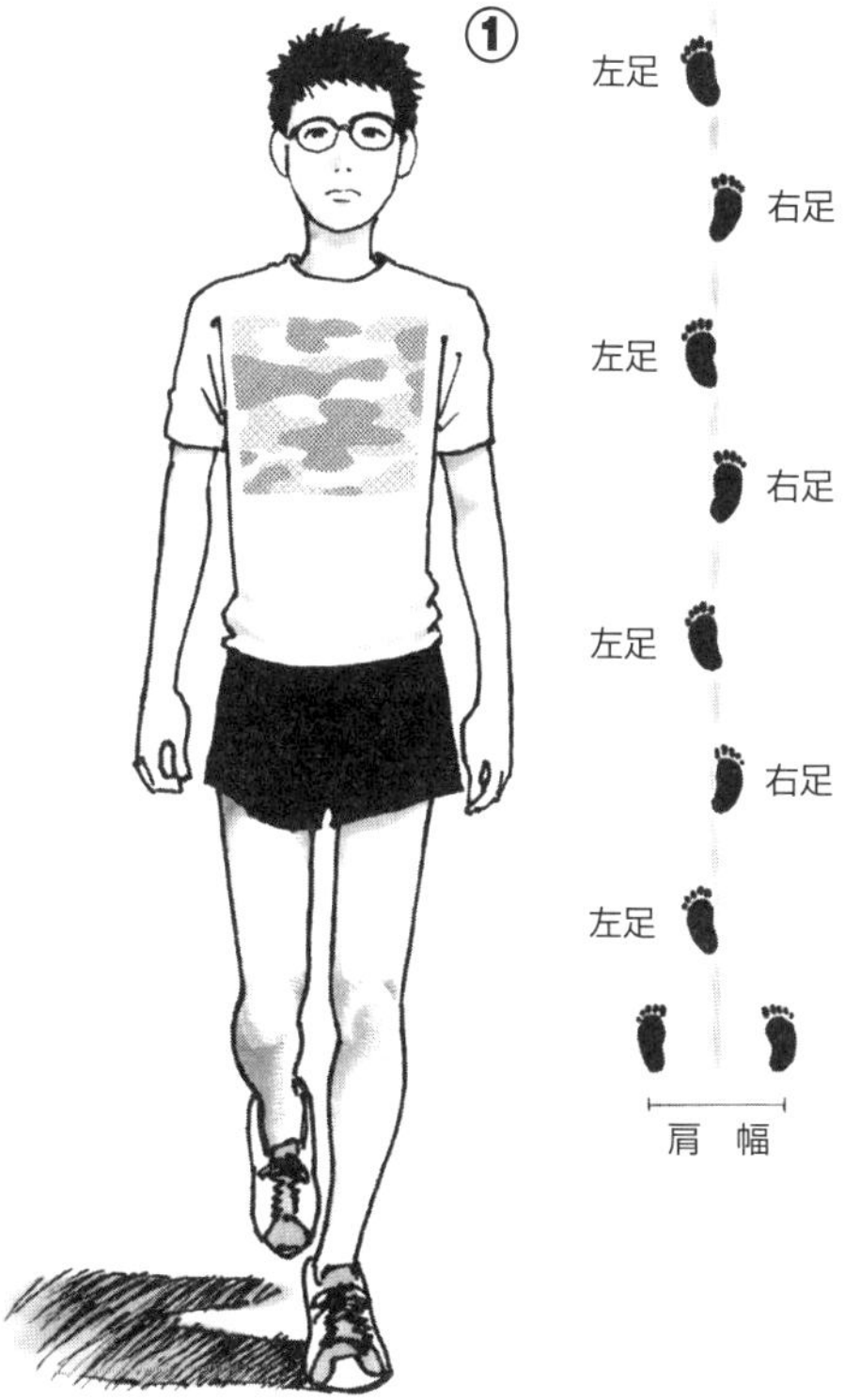

抜けて踵が上がりだしますが、そこでつま先に力を込めてはいけません。脱力して前に向かわせます。

③　②で骨盤の動きに伴い右足は手前に振り戻されるように踵の足底部分から着地します。あまり足音は立てないようにしましょう。着地位置は正確には身体の重心より少し前ですが身体の真下をイメージしてください。そうする事でスムーズに速く歩けるようになります。

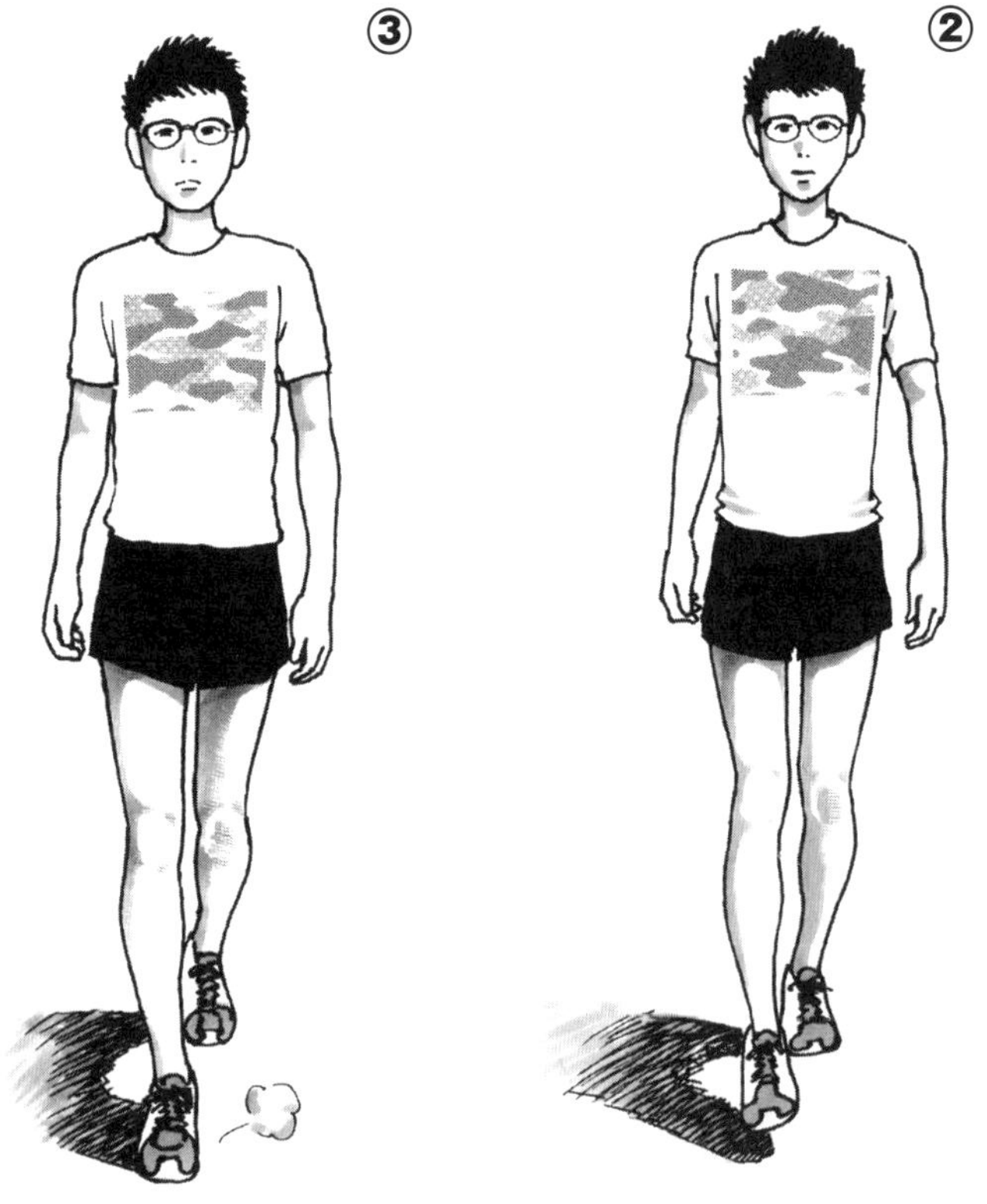

④ 今度は右足が支持脚になります。右足の膝は曲げずに、その上にしっかり骨盤を乗せます。体重がしっかり乗ると、右の大転子は少し外側に少し張り出します。後ろから見るとお尻がやや右に寄る事になります。

⑤ 今度は左足の着地の局面です。左膝が一番前に出たあたりで骨盤の向きが変わり、骨盤の左側が後ろに引かれるのに伴い、左足は手前に振り戻されるように着地する事になります。

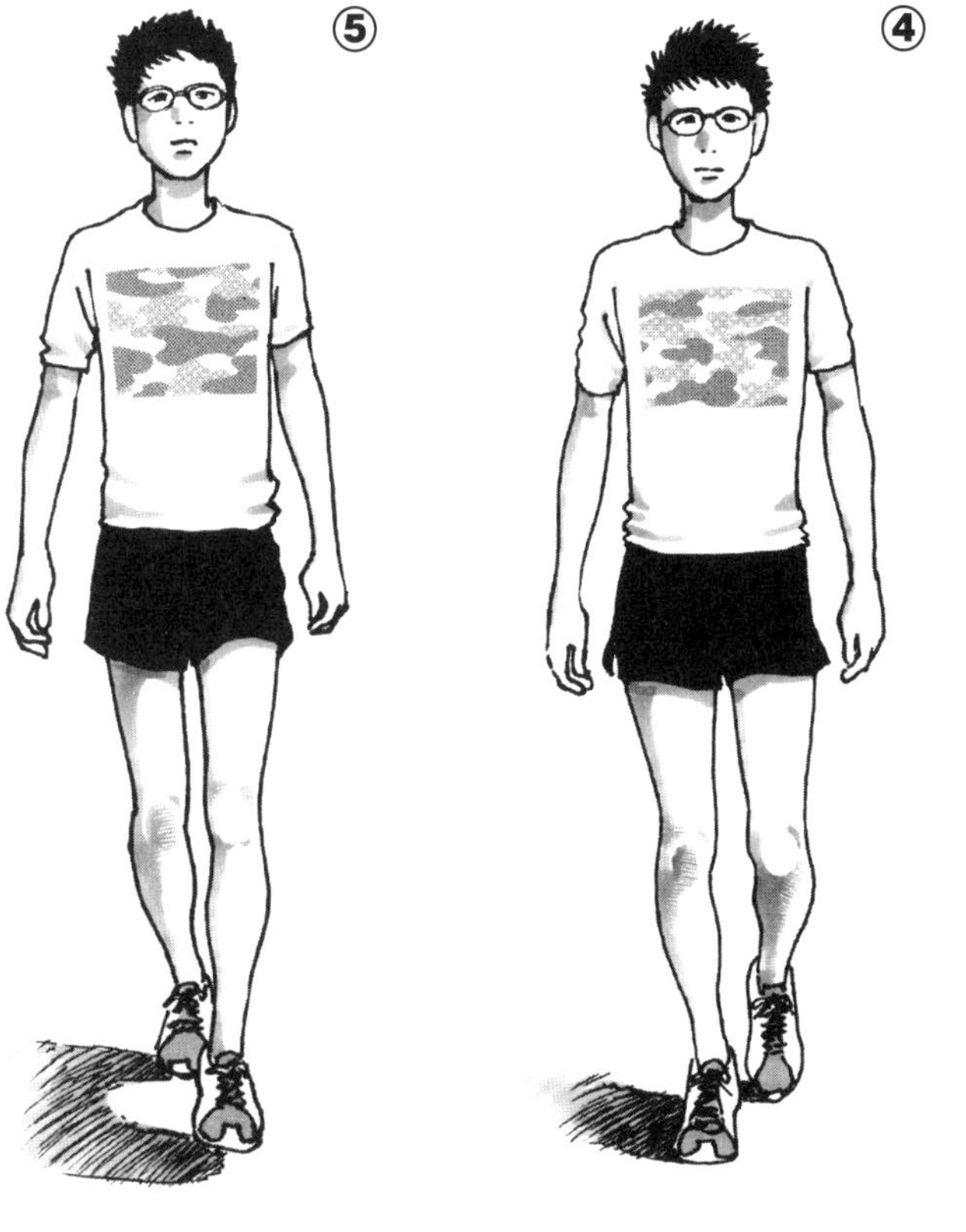

①〜⑤とゆっくりとした動きで説明しましたが、基本は小股でスタスタと歩きます。左右の足の歩行ラインも速くなるにつれ一本線に近づいていきます。骨盤が左右にブレるような動きは、歩くスピードが速くなると消失していきます。大転子もグイグイと大きくは動かさないでください。速くなるにつれ、コンパクトな動きになっていきます。骨で支えていた片足立ちも連続動作になると膝はずっと曲がった状態を維持して歩く事になります。
太腿や膝、足首などを後ろに向かわせる意識は一切持ちません。着地した足はすぐに前に向かわせます。日頃、足と骨盤をコンパスのように同じ方向にひろげて大股で歩いていた人には最初は戸惑いがあると思いますが、この方法が一番筋力を使わず楽に歩ける方法です。体得すれば街中や駅中でも他の人より明らかに速く歩けるようになります。もちろん健康ウォーキングに対しても、さっさかと速く歩けるので移動距離も長くなり、目的地にも楽に早く着けるといい事づくしです。

ところがこの歩き方に対して、健康ウォーキング業界筋から反論がありました。いわく「走る時はいいだろう。この歩き方だと身体に悪く必ず怪我をしてしまう」といったものでした。必ず怪我をする理由は教えてもらえませんでした。なぜ着地衝撃が強く、動作も激しいランニング動作が怪我をしなくて、歩くと怪我をするのでしょうか。健康とスポーツという分野は同じ方向性だと思っていたのですが、そこには大きくそびえ立つ山塊が横たわっていたようです。健康ウォーキング業界の方は少しだけでもいいので走ってみてはいかがでしょうか。

■骨盤を自転車のペダルのように動かして歩こうという指導に愕然

股関節を支点として足を動かすのに、骨盤自体を持ち上げて歩きましょうという指導があります。腿上げというドリルがありますが、さらに骨盤上げをして歩けというもので、

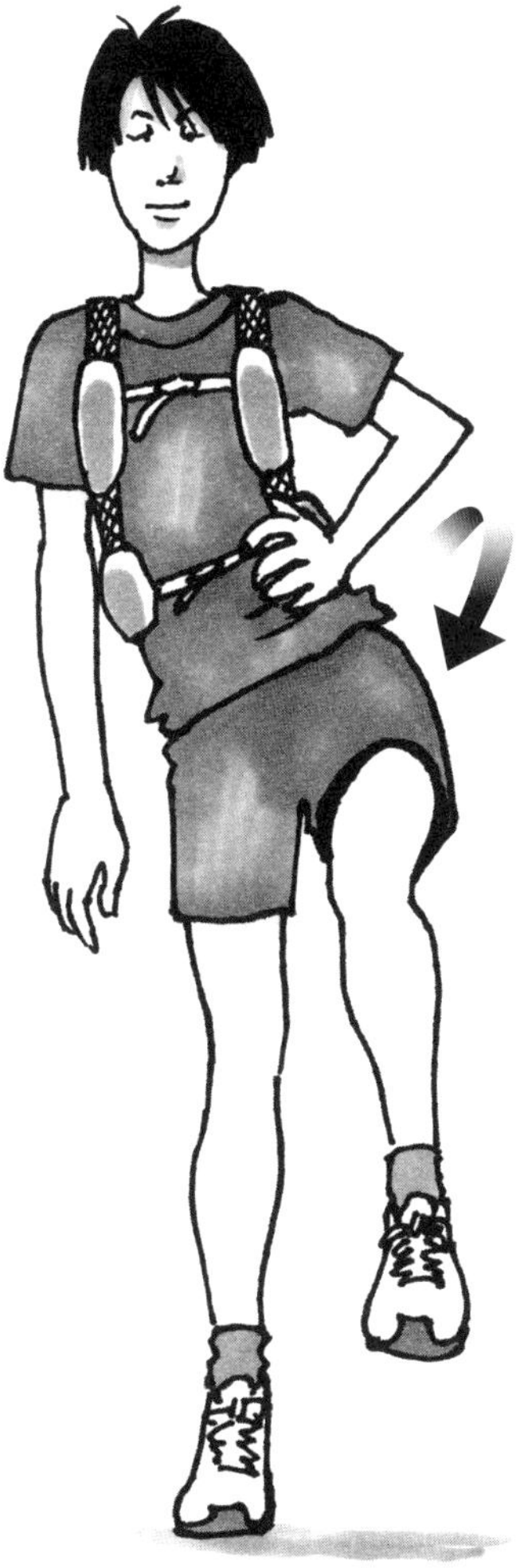

いまだにウォーキングや登山の現場で指導されているのを見かけます。骨盤を自転車のペダルのように動かして歩こうというのです。鳩尾《みぞおち》から足が生えているように歩けといわれる場合もあります。ちなみにコレを極端にした形がモデルウォーキング。しかしこれでは足と骨盤を同じ方向に動かす事になりますね。一見派手で大股で歩けそうなのですが、すぐ疲れてしまいます。実際の歩行動作とかけ離れた無駄な動きが入っているのです。歩く時の腕振りで根元の肩を大きく回そうとしたら無駄に疲れますよね。それと同じ理由です。

■山歩きでは効率のいいバテない歩き方をするのが最優先

山歩きに話を戻しましょう。『驚異の大転子ウォーキング』を書いた動機として、私が日頃マラソン練習をしている公園で、歩き方がヘンな老若男女が多い実

態がありました。これは山歩きにも言えます。根本的に歩き方が間違っているハイカーが多いのです。

悪い例として挙げたいのは、頭や肩を横に振って歩いてしまう人たちです。のっしのっしと胴体を揺らしてしまうのは骨盤をうまく使えていないからで、左右の足幅をひろげてガニ股になりがちです。バランスも悪くなり、山道では疲れてしまいます。また腕を横に振ってしまう人もいます。これは普段、肩掛けカバンを使っていて腕を後ろに振れないために、代償行為として欽ちゃん走りのように手を横に振って歩くようになるのです。肩甲骨をうまく動かせず足だけに頼った疲れる歩き方になってしまいます。登山道はシングルトラックといって人一人がやっと通れる道が多いので、すれ違う、または抜かす時に多くの登山客の迷惑になります。生活習慣が多くの病気に影響するのと同じく、このように日頃のクセがその人の歩き方を決定してしまう可能性は大いにあります。

山登りでは効率のいいバテない歩き方をするのが最優先です。ウォーキングエコノミーを高めた歩き方がことのほか重要になってくるのです。ただしこれから説明する事は本来の山歩きの概念とは違います。本来、登山の教科書には

・速く歩き過ぎない。息が上がらないようにゆっくりと歩きましょう。

・ゆっくりとは、時々会話を楽しめるくらいのペースです。
・心拍数が上がったらペースダウンして、さらにのんびりと楽に登ってください。そうすればバテません。

……などと書いてありますが、ちゃんと守っていたら登山地図に設定されたコースタイムはおろか、いつまでたっても目的地に着きません。登山はれっきとしたハードな運動です。普段の通勤通学、買い物などで1日に歩く時間はたいてい30分~1時間程度でしょう。山歩きは山頂に登って下りてくるまで5時間以上掛かる事も少なくありません。しかも街中を歩くのと違い、登山道は平坦な道が極めて少なく、舗装されて安定した路面ではありません。路面はデコボコ、ぬかるみもあれば砂利道もあります。縦横無尽に飛び出した木の根っこをまたいで、転げ落ちそうな岩場を手足も使ってよじ登り、飛び降りるしかない大きな段差も出現します。身体を傾けなければすり抜けられない大きな岩もあります。アップダウンの激しい山道をバランスをとって長時間歩かなくてはいけないのです。これを激しいスポーツと言わずして何なのでしょうか。バテてしまってとぼとぼとしか歩けないようになってはコースタイムからはるかに遅れてしまいます。私がこれから説明するのは的確に素早い行動をする事を第一目的としたスピードハイクのための歩き方です。

2 山の歩き方　スピードハイクを身につける——登り編

■山登りは後ろ足で蹴り出す末端意識ではなく、重心を移動させて自分を持ち上げていく

登山の本を見ると、ピンと背筋をまっすぐにして登る姿勢がいかにも正しいかのようによく書いてあります。ところがこれはおおよそ使えません。この姿勢だと後ろ足荷重になり、身体を持ち上げるのに後ろ足で蹴らなくてはいけないからです。試しに階段でまっすぐな姿勢を維持して上がろうとしてみてください。大変身体が重たく感じられ、後ろ足で蹴り出さないと歩けない事に気づくでしょう。リュックを背負っていたら、重心が後ろになるのですからなおさらです。この姿勢は周りの景色を「キレイだね」

と眺める時だけにしましょう。

　正しい姿勢は、踏み込んだ前足の真上に頭が位置するような前傾姿勢です。そうすると後ろ足で蹴らずとも身体は前に持ち上がるようになります。後ろ足にさほど荷重が掛からず、ふくらはぎがあまり伸ばされずに進めるようになります。後ろ足は蹴らずにただ身体に寄せるようにフワッと上げていくだけ。このコツを掴みましょう。ずいぶん疲労度が違います。

■局所を疲労させてしまうと大きな疲労負債を抱える羽目になる

後ろ足で蹴り出す動きを続けていると、まずふくらはぎの筋肉が疲労してしまう事になります。ふくらはぎは全身の筋肉の中でも末端にあり、大きくはありません。そして伸張性筋収縮といって、筋肉は無理やり引き伸ばされる状態で縮むように力を発揮しながら仕事をする時に一番ダメージを受けます。まさに山の登りで足首に角度をつけてふくらはぎを引き伸ばしながら歩く状況です。

この局所だけの筋肉のダメージを避ける事を第一に考えなくてはいけません。前傾姿勢

前傾は、やや大きな段差でもこの程度にとどめる。後ろ足はフワッと上げるだけで蹴らない

を取り、後ろ足荷重を減らすのは登山においてとても大切な意識です。ただ、ずっと斜面に対して上体の前傾を維持し続けるのはとても疲れます。重たいリュックを背負っていたらなおさら。ですので一歩上がるたびに上体をややスリ上げるように起こすと腰への負担も軽くなります。

前傾姿勢において気をつけなくてはいけないポイントは二つ。極度の前傾姿勢にして前足荷重にしてもいけません。一つは頭を前足の膝より前に出してはいけないという事です。頭が前足や膝からずいぶんと前に出たような過度の前傾姿勢は腰や前足の膝を酷使する事になります。そして過度の前傾は足も大股になり、一歩一歩の筋肉動作が大きくなり疲労度が増してしまいます。階段で一段抜かし、二段抜かしなどで実験してみればすぐ理解できると思います。とにかく前足の膝より前に頭を出してはいけません。

二つ目は、着地した前足のつま先より膝が前に出てはいけないという事です。これもまた膝に過度な負荷を与えてしまい、大腿四頭筋に大きく仕事をさせる事になります。これら二つの挙動は連動しています。そしてもう一つ、大切な概念があります。

■腰を後ろに引く事により膝の負担は格段に減る

歩幅は小さく、前足荷重。筋肉に仕事をさせずに身体の重心移動をうまく使う。これが登りのコツなのはお分かりになっていただけたと思います。前足の上に頭が位置する事によって前足に重心が乗りやすくなります。しかし前のめりになり過ぎると、それはそれで前足の膝に負担が掛かってしまいます。その際に気をつけるのは前足の着地点から膝が大きく前に出ないようにする事です。ただ、いちいち左右の足を置くたびに前のめりになり過ぎないか意識するのは大変ですよね。

足を鍛える筋トレの代表的な種目にスクワットという動作がありますが、よく膝を足先より前に出してはいけないといわれます。これは膝を前に出す事によって膝や太腿の前の筋肉に大きな負担が掛かってしまう事を避けるためです。また山に登る際はお尻や太腿の裏の筋肉であるハムストリングスを使いましょうとよくアドバイスされますが、ただ意識するだけでは筋肉は使われるようになりません。使われるような姿勢にならないとダメなのです。スクワットもそうなのですが、コツは少しお尻を後ろに引くのです。それによって作用線が足裏から膝を通るようになり、格段と前足の膝への負担は下がります。また後ろ足のふくらはぎもあまり伸ばされなくなります。つまり山を登る時は、そして勾配が急になるほどお尻を後ろにやや引くようなイメージを持ちましょう。

■踵を上げて登る場合もある

坂道は急勾配になると足首の角度が急になり、足首の柔軟性の限界を超えて踵が地面につかなくなります。ふくらはぎが非常に引き伸ばされる嫌な感じに苦しめられます。その場合、ふくらはぎが伸ばされないようにある程度足首を固めて、踵を地面から浮かせて登る方法があります。この場合はあまり前傾姿勢を取らず、上体はまっすぐ立ったスタイルになり、歩幅を縮めて小刻みに登る事になります。しかしこれも結局ふくらはぎの筋肉を使っているので、やはり長時間の歩行には鍛錬が必要です。

具体的にはカーフレイズという踵を上げ下げする運動で腓腹筋を鍛えます。しかし長時間、傾斜で踵を上げ続けていると歩幅が狭まり過ぎ、歩くスピードが遅くなる場合もあります。私はパッと登りきったらヒルトップに到達するような短い急勾配は踵を上げたままの場合があります。状況によって使い分ける事が大切です。

■段差の登り方

さらに坂道の勾配がきつくなると、二足歩行では登る事ができなくなります。その際、登山道は木段を組む事が多いです。山の木段は段差が大きく、一段ごとに高さに違いがあり、木段自体も滑りやすいので嫌だという人は多いです。しかし階段状ではなく同じ勾配の坂道だったら、ふくらはぎを引き伸ばされつつ、とても辛い思いをして登らなくてはいけません。もしくはつづら折りの坂にして傾斜を減らさなくてはいけません。その場合、大きな回り道をする事になります。

それに比べて階段は急な勾配を直登できる人間の知恵の産物です。山奥に資材を持ち込み整備してくれた営林署や林務部、山小屋などの皆さんに思いを馳せながら木段を登りましょう。階段だと段差を一段一段越えていかなくてはいけない代わりに、足を置く場所は平坦なので、着地時にふくらはぎは伸ばされず、負担を大幅に減らす事ができます。その時にポイントとなるのは腸腰筋を有効に使えるかどうかになります。

■腸腰筋にスイッチを入れるには意識改革が必要

腸腰筋はインナーマッスルであり、瞬間的に太腿を振り上げるきっかけとなる筋肉です。ゆっくりと動かし、持ち上げた太腿を維持するような動きには向いておらず、その場合は大腿直筋が主体となって働いてしまいます。腸腰筋主体にするには腿上げ動作の意識改革が必要です。歩く場合、A図のように下から上に足を振り上げて歩くイメージを持っている人は多いのではないでしょうか。腸腰筋スイッチを入れるには、B図のように上から下へ半円を描くように下ろす事をイメージして、瞬間的に持ち上げるようにします。支点となるのは股関節です。その場合、体表にある大転子を意識するとよいでしょう。

自分がどう歩いているかチェックする簡単な方法があります。スリッパを履いて歩いた時に、踵部分を床に擦りながら歩いてしまっている人はA図のような形になって大腿直筋が主に使われています。B図のように歩くと踵を擦る音は出ず、足裏は真上に持ち上がるようになります。

また、腸腰筋にスイッチを入れる場合に重要なのが骨盤の前傾です。といっても骨盤だけ反るのは姿勢を意識しづらく、また腰椎を痛める危険性があります。胸を張りお腹を前に出すようにすると骨盤は勝手に前傾します。

A

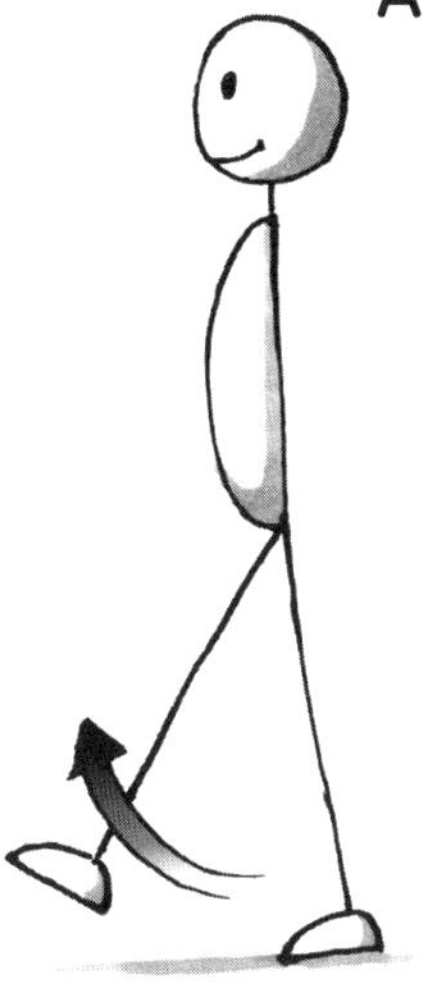

B

■膝下が折り畳まれるようになると山歩きもスムーズになる

骨盤が前傾して腸腰筋スイッチが入ると膝下は折り畳まれるように前に向かいます。この動きが、階段など段差がある時などに、足先の通過点や着地点への角度を高くし、つまずきにくさに繋がります。木の根っこなどにも引っ掛からないように、足先が高い位置で回転するようになるのです。疲れてくると足が上がらなくなりますが、この場合も足を上げるのはB図のように太腿を意識しましょう。木の根っこに引っ掛かりたくないために足先だけ意識して上げようとすると、結局、根元の太腿が上がらず、気が抜けると足先は低位置で振り子運動する事になってしまいます。

骨盤が後傾になると大腿直筋が優先して動くようになってしまい、大腿直筋は膝下の脛骨まで繋がっているので、膝下も引っ張られて足は前述のA図のような低位置でもっさりと前後するようになります。まさに足という重たいものを持ち上げている状態に陥ってしまうのです。

■登りはピッチが大切。リズムを絶えず意識する

疲労と共に背中が丸まり骨盤が後傾になると腸腰筋が動かしづらくなりますが、もう一つ気をつけなくてはいけないのはピッチです。ピッチとは1分間における歩数。腸腰筋ス

イッチが入るためには瞬間的に動かすような意識が大切となるのです。疲れてくるとピッチが下がり、足を上に持ち上げるので精一杯になり、とぼとぼと歩いてしまって接地時間も増えます。接地時間の増大は歩きのリズムを奪ってしまいます。走る時だけでなく、歩く時も接地時間の短縮は大切です。大腿直筋主体となるとさらにピッチは落ちます。ピッチを落とさない事と腸腰筋スイッチは連動していると思ってください。

■深い呼吸をするには意識的に姿勢を正す事

山登りで大切なのは視線です。視線を下に向け続けてしまうと、顔がうつむき、前屈《まえかが》みになってしまいます。上体が丸まると横隔膜を動かしづらくなり、浅い呼吸しかできなくなります。上りの得意不得意は結局、個人の心肺能力に大きく左右されます。脚力に余裕があっても、心肺能力が弱いと息が上がってしまい途端に登るスピードが落ちてしまいます。

最悪なのは、上体が丸まったうえに骨盤が後傾した姿勢です。人間は疲労するとこのような姿勢になりがちです。上体は前傾姿勢を保ちつつも前屈みにならないように視線は水平からやや上を維持して歩きましょう。常に腹まで吸い込むような気持ちで深呼吸を心がけましょう。深く息を吸い込めると酸素が脳にもいきわたり、前向きな気持ちを維持できます。

体幹トレーニングなどで姿勢維持筋を鍛える事も大切ですが、日頃の姿勢というのも大きく関わってきます。体幹トレーニングをいくらしても、意識できていなくては前屈みになってしまいます。生活圏の街中でいつも猫背で前屈みな人は、その癖が山歩きでも如実に表れます。大切なのは意識。日頃から正しい姿勢を意識するようにしましょう。

■登り道では振り戻し局面がなくなるために足は二本のライン上を歩く

大転子ウォーキングの基本で、足の着地点は股関節より内角に絞り込まれて一本のライン上に近づくと前述しましたが、それは平坦な道の話。登り道は身体の前の路面が上がっています。階段だと着地する地面がおおよそ20㎝程度は上がります。膝は内旋から外旋に転じたあたり、足先は途中の上空に上がった過程で着地する事になります。つまり振り戻しの局面がなく、足先が中央に寄っていく手前で着地するので、登りの階段や坂道では左右の足の着地は二本のラインを形成する事になります。これには骨盤に※バーチカル方向の動きが加わり、膝が平坦な道より高く上がるのも関係してきます。

※バーチカル＝本書では垂直という意味。

■勾配がきつくなるとナンバ歩きになる

登山でも股関節を支点とする大転子を意識する点は変わらないのですが、平坦な道の動

着地する膝は大きく外に開いて膝が崩れてはいけないし、内股に締め過ぎてもダメ。やや外向きになるのは全然かまわない

矢印は上から見た足先の動き。膝の内旋でいったん内側に入っていくが、外旋に伴い外に出る。足裏より下は仮定のラインのために薄く示す

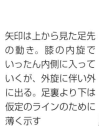

きとは異なってきます。平坦な道だと大転子は地面と水平に前後するイメージで骨盤が動き、そして地面から足が離れるといった過程を踏む事ができます。しかしなだらかな坂ならまだしも勾配がキツくなると骨盤を水平方向に動かしにくくなります。しかも上体が前傾姿勢を取ると骨盤の前後の切り替えがうまくいかず、後ろ足が残ったような歩き方にならざるをえません。そのために古《いにしえ》の人々がやっていたといわれるナンバのように、同じ側の腕と足が前に進む歩法でも進む事ができるようになります。膝に手をついて押すように登る姿勢はまさにナンバ歩きそのものです。

■パワーウォークはナンバ歩きそのもの

トレイルランニングでは急勾配な坂を登る時にパワーウォークといって手で膝の上を押す歩き方があります。これもまた前足や膝から頭が大きく前に出てはいけません。派生した形はいくつかあり、膝ではなく股関節に近い太腿の根元を押す歩き方、腕を腰にあてて前傾姿勢を取る歩き方、腕を後ろで繋いで前傾姿勢を取る歩き方などがあります。私は、腕を腿に乗せるとスピードは出ますがかなり前屈みな姿勢になって呼吸が苦しくなるので、疲労困憊しているとあまりやりません。とはいえ都内の地下駅の長い階段では重宝しています。後ろに手を繋ぐのは身体に腕が密着するので熱く感じてこれもあまりやりません。

腰に手をあてる方法はスピードはやや劣りますが、程よい前傾姿勢が取れて疲労している時でも呼吸は楽です。ハセツネCUPの三頭山《みとうさん》や御前山《ごぜんやま》の登りでは多用しました。

腰に手をあてる
パワーウォーク

膝に手をあてる
パワーウォーク
の基本姿勢

■ナンバ歩きがあるとしたらそれは山道での話ではないか？

ナンバ歩きとは、着物を着崩れさせないために上体を捻らないで歩く必要があったためだとか、相撲や剣術のみならず畑を耕す農作業にも適した動きだったため日本の文化によって生み出された歩き方だとされています。しかし詳しい資料が残されてないので歴史的に厳密な検証はされていません。私も史実としては懐疑的ではあるのですが、もし本当にナンバ歩きがあったとするならば、それは骨盤がうまく動かない山道でこそ通用する歩き方だったのではないかと思っています。

思えば江戸時代まではきれいに整備された舗装路などなく、幹線道路といえどもそこらじゅうに険しい山道がありました。江戸時代の飛脚や旅人は意識してナンバ歩きを使っていたのではなく、山道を歩けば勝手にナンバ歩きになっていたといった方がよいでしょう。そう思って階段や坂道を歩く人を観察すると、現代でも腕を振っていない人はたくさん見受けられます。

■登りの局面で腕振りは用をなさない

人間、疲れてくるとどうしても姿勢は悪くなるものです。しかもピッチが下がると、登るのにもうつむき加減で地面を見ながら足をただ前に出すようになってしまいます。それに輪をかけるのが、そのような状態では腕振りが意味がなくなってしまう事です。険しい勾配ではナンバの形になりますが、要するに同じ側の手足が同時に前に出るというのは腕を振る意味がなくなるという事です。ナンバの形態になると、途端に腕は無用の長物と化します。大人の男性でおおよそ片腕が３kg。両腕で６kgの重りが左右にぶら下がっているという事です。

先ほど触れたパワーウォークは、実はそこまで膝を押せていません。もし一所懸命押したいのなら、太腿が汗で滑るから手袋をするとか履くスパッツなどにもこだわりたいです

が、そこまで気にする人もいません。要するにあまり押していないからです。実は押しているのではなく、パワーウォークの第一の目的は、腕振りの意味をなさなくなった重たい腕を太腿の上に乗せて運んでいるのです。腕を腰にあてて登るのも、腕を後ろで繋いで登るのも全部同じ意味合いです。一部では腕を組んで登る人もいます。いずれも重りとなった腕がただ無駄に暴れるのを防ぐために身体にあてて腕を動かさないようにして運んでいるのです。楽だから身体に腕を置いているのです。

■登りではストックも同じように腕を置く場所の意味合いが強い

ストック（トレッキングポール）を山登りで使う人も多いと思います。バックパックの重さを分散できて下山時では膝の負担も軽減できます。また滑りやすい道もバランスが取りやすく便利です。

山の急登の局面では呼吸が苦しく腕が重たいと、身体は腕の置き場所を探します。だから掴める木の枝や岩などを自然に掴みたくなります。腕で掴んで登ろうとしているのではなく、腕自体の重みを打ち消すために何かに掴まろうとしているのです。そこで登場するのがストックです。実はストックに身体の重心を預けて登っている局面はほとんどありません。ストックもまた腕の置き場として持っている意味合いが実は大きいのです。ストックを使えば上体を起こしたまま腕をストックに置いて登る事ができます。延々と急登が続く場合、ストックは腕置きとして大きな助けになってくれるでしょう。

3 山の歩き方　スピードハイクを身につける——下り編

■山は下りの方が危ない

さて下山です。勢い込んで登山を開始したものの、疲労困憊になりようやく山頂に到達。お弁当を食べて休憩はしますが、すでに足の筋肉には細かい筋繊維の損傷が起き、血中にミオグロビンやクレアチンキナーゼが流出しています。また過酷な代謝環境になり、エネルギー供給に伴う水素イオン、リン酸、アンモニアなどの老廃物が蓄積して、下りの時の着地の踏ん張りが効かなくなります。

登山の事故原因の中で一番多いのは転落、滑落、転倒であり、全体の50％以上を占めています。転落も滑落も転んでからなので最大の事故原因は転倒なのです。転倒が登りではなく、下りで圧倒的に多いのは、疲労が大きな原因です。集中力も登りの時より散漫になっている事が多く、それは日帰り登山での転倒や転落事故は午後2時前後の、まさに下山時に集中している事からも明らかです。

■山を下るには着地衝撃の蓄積を避ける事が何より大切

「登りは体力、下りは技術」といいます。登山の登りは息が苦しくて辛いから嫌だ、下山の方が呼吸はキツくないから楽だという人は多いでしょう。下りは、心肺系への負担は小さいですが、筋肉へのダメージが非常に大きいのです。山登りの翌日の大腿四頭筋などの筋肉痛は階段を下る時に一番感じるはず。それは筋肉の損傷は下山時の着地衝撃によるものが多いからです。皆さんは「膝が笑う」という経験はありますか？下山時の度重なる着地衝撃で膝の震えが止まらなくなる状態です。筋収縮がしにくくなり、脚力が低下して体重を支える事ができなくなって、ちょっとした事で転倒しやすくなります。また腰や足首などに大きく負担が掛かるのも下山の時です。登りはさほどスピードが出ませんが、下りは勢いよく下りてしまう割に疲労はピークになっており、丁寧に足を置く事を忘れてしまいがちになるからです。当然、転んでしまったり、注意不足から滑落に繋がるような危険もあるのです。

■斜面は歩幅は縮めて下りるのが基本

下りの場合、歩幅が広いと一歩一歩の着地衝撃が大きくなり、腰、膝や足首への負担が増えます。登りも大股はご法度《はっと》ですが、下りでもなるべく歩幅を小さくするようにしましょう。リズムは重要ですが、あまりにこだわるとやはりドタドタと下りてしまいがちになります。足裏は面全体を使って斜面に合わせてフラット着地するようにします。前足部、または踵からの着地だと、濡れた赤土の斜面ではグリップが落ちて滑ってしまう可能性があります。特に滑りやすい路面では小股で真下重心の着地が重要です。おっかなびっくりで上体が立ってしまい、のけ反った姿勢になってはいけません。また階段や段差では、上級者のみならず初級者でも前足部から着地するのが自然な動きになります。

■山の斜面の下り方

「身体を垂直に立てて頭と腰、くるぶしが一直線になるようにして下りていきましょう」と書いてある登山の本もありますが、それでは重心が前になり過ぎてズドンッと前足の膝が曲がらず着地する

事になります。若くたくましい男性が模範を示している事が多いです。

「それはまだあなたが筋力があってバランス感覚も衰えていないからでしょう？」

と言いたくなってしまいます。膝を伸ばしたままだとクッションにならず大きな音を立てて着地衝撃をもろに受けて下り続ける事になります。そしてその姿勢では、勾配が急になった時に高度への恐怖から棒立ちのまま後ろにのけ反るような姿勢になってしまい、足が踵の角から接地しやすくなり、体重が抜けて尻もちをついてしまう要因になります。

■猫をイメージして歩く

猫は歩く時にまず音を立てません。

大切なのは着地衝撃を最小限にする事。これが下りの技術です。ドタドタと音を立てて下りるのはもっての外。これは山だけでなく日頃からの意識が大切です。床をドタドタ足

音を立てて歩いてしまう人がいますよね。ドアをバタンと投げ出すように閉めてしまう。スマホの接続コードをグイグイと抜き差ししてすぐにダメにしてしまう。雑踏で人にぶつかりやすい。持っているものをよく落とす。これらは身体操作をおざなりにしているからです。丁寧に足をコントロールした着地とも全て繋がっています。何気ない足の置き方一つで足は無駄に酷使されて登山後半の体力維持に大きく差が出るのです。

股関節と膝関節で十分にクッションを確保して丁寧な着地を心がけましょう。それにより大腿四頭筋を大きく活用でき、スピードコントロールを容易にします。基本姿勢は登りの時とあまり変わりません。登りの時も少しお尻を後ろに引く意識が大切と書きましたが、下りはさらにへっぴり腰の度合いが強くなります。

■へっぴり腰上等！

猫は着地の時に腰を丸めていますよね。上体はやや前傾気味にした方が重心が抜けにくいのです。多くの登山本には下りで腰が引けてしまってはダメと書いてありますが、本書では「下りは腰が引けてナンボ！」と開き直ってしまいます。腰が引けるとなぜダメなのか。巷の本を読むと「太腿の筋肉で踏ん張る事になってしまうから」とか「膝の負担が増大するから」と書いてあります。しかし身体をまっすぐにして下りようとしたら前足に大きく重心が掛かり、かなりの着地衝撃になってしまいます。そっちの方が確実に太腿の筋肉や膝へのダメージが蓄積します。

正しい姿勢は、へっぴり腰にして身体をやや後ろ足荷重にする事です。そのために上体は逆に前傾してバランスを取る事になります。この姿勢は特に段差、階段のような状況では役立ちます。そうやって下りると前足に重心が掛からず、ドスンッと下りるような事がなくなり、コントロールが容易になって着地衝撃を格段に減らす事ができます。後ろに腰

を引き、後ろ足に荷重を残す事で、後ろ足の踏んばりが利くようになり、前足は柔らかく着地できるようになるのです。階段で試してみてください。

平坦な道路と違い、登りも下りもある程度のスクワット運動になるのはしょうがありません。腰を引いてずっと後ろ足荷重にしていると辛いので、着地したら軽く上体を起こして体重を骨で支持する時間をほんの少し入れてあげるようにします。また大きな段差は後ろ足ばかり曲げて下りようとすると、ロシアのコサックダンスのようになり大変疲れるの

で、ある程度、前足にも荷重を負担させてあげるようにします。

■さらに大きな段差は横になって高低差をなくす

１ｍほどのかなり大きな段差になると「ええい、面倒！」とばかり飛び降りてしまう人がいますが、当然大きな負荷が膝や腰に掛かります。特に重たいリュックを背負っている場合はバランスを崩しやすいので注意しましょう。

その場合、例えば１７０

㎝の身長の男性の目の高さが160㎝だとすると、立っている状態から下の面を見ると2・6mほどの高さになるわけですが、しゃがんでしまうとそんなに高さは感じなくなります。お尻がつくくらいしゃがんで、正面ではなく横を向いて片足を地面に下ろしてから、後ろ足を下ろすと筋肉に負担を掛けずに楽に下りる事ができます。バランスが悪かったらさらに手をつきましょう。それ以上の段差は後ろ向きになって両手を使って下りるとよいでしょう。

■急な下り勾配ではいったん内側に入り込んでからの二本ライン着地になる

本来、人の歩く左右の足の着地は一本のラインに近づいていくが、登りの局面では途中の上空に上がった過程で着地するために二本のラインを形成すると書きましたが、下りもまた二本ラインになります。しかし疑問に思われた方もいると思います。大腿骨のQアングルゆえに足は一本ラインに寄っていくのならば、下りの階段では内側に入り込んでいき、段差が大きくなれば、しまいには左右の足は交差するように着地するのではないか。

ところがそうはなりません。振り出された足はいったん中央に寄っていきます。平坦な場所ならばこの時点で地面に着地するわけですが、地面はそこにはありません。足はまた外側に離れるように着地するのです。これは下り坂や階段の場合、後ろ足が残り気味になるゆえに前足がその影響を受けるためです。下りも勾配があるところでは一本のライン上で歩こうとしなくてよいのです。そしてこの時、膝は外旋し、また足首は回内して倒れ込むように着地します。ゆえに足をまっすぐ下ろしても踵は内側に入り、足先の方向はやや外向きになるのが自然な着地の動きです。

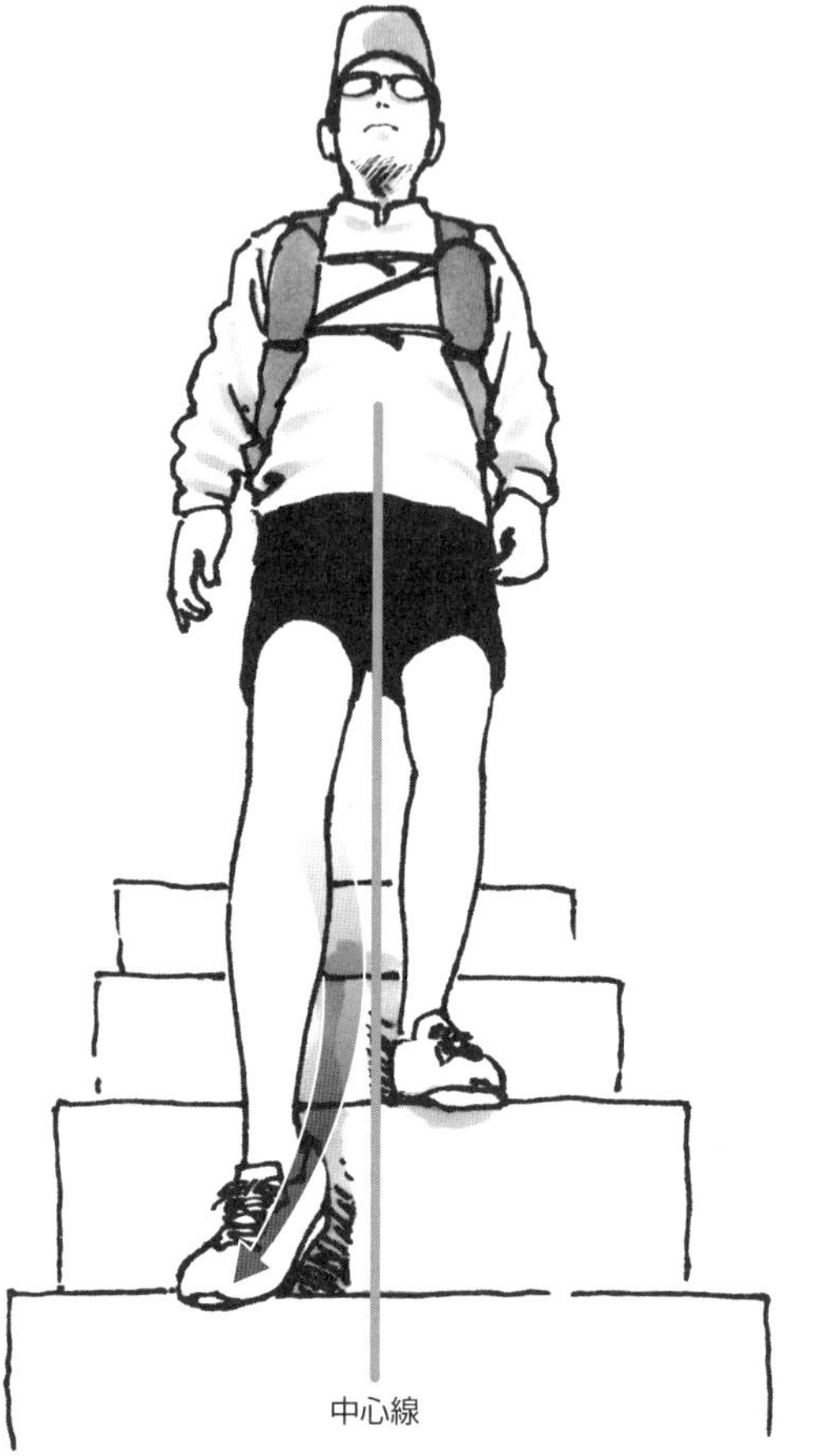

下りの局面の左右の着地は
二本のラインを描く

4 山の走り方 ウルトラスピードハイクを探究する――基本編

■初心者ランナーには意外とハードルが高いトレイルランニング

街中や近所の公園を気楽に走れるジョギングは初心者でもヤル気になれば明日からでもチャレンジが可能です。山登りだとまだ気軽ですが、トレイルランニングとなると、山を走ると転ぶというイメージで敬遠する人も多いと思います。ジョギングは一人で始められますが、一人でいきなり電車に乗ってトレイルランニングに行くのも大変だし、どんな山に行けばいいのかもわからない。汗冷えや防寒のためのウェアチョイスや持っていくべきものもよくわからない。スズメバチや熊と遭遇したら？道に迷って滑落してしまったら？汗だくで泥だらけになったら帰りの電車はどうするの？不安は尽きませんよね。

どんどん考えれば考えるほどハードルは高くなっていきます。でもトレイルランニングを一度経験した人は、美しい景色に出会ったり、街中を走るだけでは得られない爽快感を存分に味わう事ができたと言います。日常では感じられない「ああ、生きているんだ」って思える瞬間があります。持っていく装備を見直し軽量化を施す。そして自らの身体もシェイプアップしてスピードハイクの上をいく軽快かつダイナミックな登山スタイルを身につけましょう。トレイルランニングは山の移動手段の一形態に過ぎません。何でもかんでも

「山を走るのはいけない。山を舐めるな」ではなく、ゆっくり景色を眺めて歩きたい場合はのんびり、ちょっと走ってみた方が気持ちよさそうならウルトラスピードハイクともいえるトレイルランニングを楽しめばよいのではないでしょうか。最初は信頼できるラン仲間、できればトレイルランニングの経験者と一緒に行くとよいと思います。

■山を走る事は自らの行動範囲をひろげてリスク回避に繋がる

山で走る事はメリットも多くあります。走る事によって移動距離が長く取れ、歩くのみの登山にくらべて同じ日程でも行動範囲が格段にひろがり、遥かに多くの景色に出会えます。一つの山に登って下りるだけだったものが、二つ三つと縦走できるようになります。登山プランも立てやすくなります。天気が悪くて、あるいは忙しくて休みを一日しか取れなくても山行を諦める必要はありません。一泊二日の行程だったものを日帰り登山にする事も可能となります。

その事がリスクマネージメントにも大きく影響します。山に登る場合、早目早目の行動を心がけるのが鉄則です。朝早くから出発して午後3時過ぎには下山するか、目的地に到着する。夕方以降に天候が急変したり、最終バスが早かったり、もしもの道迷いなどあらゆる状況に対処できるようにするためです。それらも走る事によりスピーディに移動する事が可能になり、さらに気持ちも余裕を持って行動できるようになります。もちろんそのためには登山の基本でもあるルートマップ作りや綿密なプランニングは欠かせません。ただ、経験者と行くとよいと書きましたが、全てを人任せにしてばかりではトレイルランニングの経験値が上がりません。

■不整地はあらゆる筋肉に刺激を与えてくれる

ロードを走るマラソン大会の場合、一定のペースをなるべく維持し、足を高回転で回す事が大切です。乳酸性作業閾値《いきち》（ＬＴ）以下のスピードで走る事が多く、心拍数も一定が求められます。それに比べてトレイルランニングは登りや下りでずいぶん身体への負荷が変わってきます。登りは心肺がキツく筋肉内に疲労物質が溜まります。下りは呼吸は楽だけれど筋損傷が激しくなります。トレーニングの側面から言うと、不整地を走る事で、着地筋、バランス筋など平地の舗装路では刺激を与える事が難しい、ランニングに使う筋肉と心肺機能をあらゆる角度から鍛える事ができます。

■登山道では全体的に視線を向ける事で居つかなくなる

平坦なロードのマラソンはほんの少し目をつぶっていてもまっすぐ走っている場合はコ

ケません。しかし山では道のサーフェス※は岩場、木段、赤土などと一定ではない上に、絶えずアップダウンが待ち構えています。木段一つとっても均等に並んではいない場合がほとんどです。一瞬たりとも気が抜けない……わけではありませんが、視線はどうしても足元の路面をあれこれ見てしまいがちです。しかしそれはその場所に身体が居ついてしまう事になります。ある程度トレイルに慣れてきたらなるべく前方を全体的に見る事が大切になります。俯瞰的な感覚を養うのです。それが早めの危機回避に繋がり、全身を常にリラックスさせられるし、スピードも上がるのです。かといって遠くの方を見続けろというわけではありません。近くと遠くを交互に見ます。近くの引っ掛けそうな木の根っこやグラつきそうな岩をパッと確認した後はすぐ5ｍほど先を見ます。そして大体の足の置き場やルートを決定します。そしてまた近場を見て足を置き場の確認。これら遠近を繰り返します。テクニカルな下りはかなり神経を使い、目も疲れます。

■トレイルランニングも基本的に走行ラインは一本線に近づく

私がランニング本で一貫して書いてきたのは「人間は大腿骨のQアングルゆえに左右の足の着地は限りなく一本のラインに近づいていく」という事です。トレイルランニングで走る場合でもその基本は変わりません。平坦で路面状況がよいトレイルではやはり一本の

※サーフェス…本書では表面の状況という意味。

走行ラインになります。

ただ誤解してほしくないのは、足裏を必ず一本のライン上に乗せて走行しなくてはいけないという意味ではないという事です。それは帳尻合わせの末端意識に繋がります。骨盤の正しい動きが伴えば勝手に一本ラインに寄っていきます。おおまかに10cm程度のライン

路面状況がいいトレイルでは
着地ラインはほぼ頭の真下になる

をイメージしてその周辺に足が着地すればよいのです。脇もそこまで開けないようにして楽に腕振りします。肘も外に張り出さず力まないで常に全身は脱力して走るようにします。脱力していてもここぞという時には、筋肉などは自然に固まってくれます。腹筋も大腿四頭筋もふくらはぎも一切、予備緊張は必要ありません。

■悪路を走る時のライン取りはとても重要

ロードだと道のどこを走っても路面は均一に舗装されていますが、トレイルではどこでも気にせず足を置けるわけではありません。悪路では大きな石ころも転がっているし、木の根っこもハードルのごとく迫ってきます。つまり自分の楽なストライドとピッチで自由に足を置く事ができる舗装路と違って、トレイルランニングの着地は路面の状況に左右されます。ゆえに足のラインは一本線という基本も、あってないものとなります。足の置き場、そしてピッチ、ストライドはその都度決定されるという事です。ある程度の運動センスと身のこなしが必要となります。野性的な走りを呼び覚ますのです。初心者は足運びと着地位置の決定が上手ではなく、スピードの上げ下げの幅が大きいのです。足の置き場に躊躇して止まってしまい、リズムよく走れなくなってしまう事も起きます。足の置き場を含めたコース取りの上手さ＝トレイルランニングの上手さといってもよいと思います。

■大袈裟にジャンプしてはいけない

山を走る楽しさを強調しようとしてか、それともカメラマンからの注文かわかりませんが、トレイルランニングで有名選手が飛び跳ねたり大股で飛び降りたりしている写真や動画が頻繁に見られます。あのような事をするのがトレイルランニングの醍醐味と思われる節もあるので念のためにに書いておきますが、本来市民ランナーレベルのトレイルランニングは地味なものです。フルマラソンより長い距離の大会も多いなか、山をそんなジャンプ

しまくって走っていたらすぐに足が売り切れてしまいます。もちろん捻挫や転倒の危険性もあります。走る場合もストライドはひろげようとせずになるべく縮めるのが基本。足の動きもロードのようなダイナミックな足回しではなく燃費を稼ぐようにしましょう。

■足を終わらせない

よくトレイルランナーの会話で出てくるのが「足が終わった」「足が売り切れた」「足を使い切った」という表現です。山の登り局面ではふくらはぎやハムストリングスの局所的な伸張性収縮が繰り返され、疲労物質が溜まってどんどん足が重たくなってきます。下りでは着地衝撃によって微細な筋繊維の磨耗損傷が起きて筋力がどんどん低下していきます。この複合的な要素が絡み合って、気持ちはまだ前に進みたくても、足がもう動かない状態に陥ります。

まずは最低限の筋力をつけましょう。着地衝撃のクッション筋である膝上の内側広筋《ないそくこうきん》が特に重要です。筋トレのレッグエクステンションで鍛えられます。平地のマラソンランナーに比べてトレイルランナーのトップ選手はたいてい野太い足をしています。筋力で着地衝撃を吸収するのです。筋力がついたら舗装路の坂道を速く下り、足にわざと衝撃を与えて筋肉のストレス耐性を促すトレーニングを取り入れるとよいでしょう。アキレス腱や膝の故障などに気をつけながらうまく鍛えると、足が終わるのをかなり防ぐ事ができるようになります。

■重心真下の着地が基本

走る時にストライドをひろげないのは必ず重心真下に着地をするためです。厳密に言うと真下より少し前なのですが、ランナー自身は真下の意識で構いません。最初に接地する足裏部分はトレイルの場合、登りも下りも前足部（小指球）が基本となります。しかしそれもあまり気にしてしまうと末端意識ばかりになって力みが入ってしまいます。踵は、着いた瞬間に身体の重心が前に乗り込んでいくのであまり荷重しないのが理想。トレイルを走る時に接地時間が長いと何が起きやすくなるかというと、その場に居ついてしまう時間が長くなるために、滑りやすくなるのです。

■足は着地する時に外向きになるのが基本

トレイルランニングの指導書を読むと、山では内股で歩いたり走ったりすると書かれているものがあります。しかしずっと内股にしたまま階段を上り下りしてみてください。大変なのはすぐわかりますよね。骨盤の動きが窮屈になってしまうからです。骨盤は走っている時にはダイナミックに動いています。膝は前に出る時に内旋していますが、着地する振り戻し期には骨盤の左右が入れ替わるので膝は外旋します。つまり膝は走行中、ずっと内旋と外旋を繰り返しているのです。ずっと内股を維持せよという指導は間違っています。

よって着地する足先の向きもやや外側を向くのは全く問題ありません。ただこれはガニ股とも違います。指先の方向を外向きに着地させるのではなく、つま先はあくまでまっすぐ、踵が内側に入り込むように着地するのが正しい足の挙動だと思ってください。

■トレイルランニングは高低差を含めた距離感覚を意識する

登山において肉体の疲労に追い討ちをかけるのが茫漠とした距離感覚です。いつまで行ったらこの登りは終わるんだろう。今はコース全体のどのくらい行ってるんだろう。それがわからず無駄に肉体も追い込んでしまい、走るのはおろか、歩くのも困難になり「もうダメ、もう一歩も動けません。休ませて」となってしまうのです。その場合、最も大切になってくるのが、高低差を含めた距離感覚です。例えば「この登りが過ぎたら後は下り基調」とわかっていれば行動計画も立てやすくなります。

平坦なマラソンは、ただ距離を考えて看板通りに10km、20km、30kmと刻んでいけばいいのですが、トレイルランニングの場合、沿面距離、沿面速度というものがあります。つまりただ水平の距離だけ追っていればいいのではなく、登り下りの垂直方向への距離や時間も意識しなくてはなりません。登りと下りでは同じ距離でもずいぶん時間差が生じます。山でバテてしまう人はこの距離感覚が欠如しており、登山に行っても経験者に案内やコーススケジュールを任せっきりにしてただついていっているだけの事が多いのです。「あとどのくらい?」と何度も質問してくる人がいますよね。自分でおおまかにコースの累積標高差や地形を把握して、残りの距離と時間を計算できるようになると疲労感はかなり違ってくると思います。

休むべき場所はピクニックとレースでは違う

みんなで行くハイキングとしてのトレイルランニングにおいて、ピークハントは大きな楽しみですし、目標でもあります。そして頂上でお弁当をひろげるのも気持ちがいいです。しかしレースは別。頂上で休む必要はありません。軽装のトレイルランナーにとって山の頂上付近は一番気温が低く、長時間の滞在は低体温症の危険すらあります。吹きさらしの場合、強風に曝《さら》されます。頂上の大きな広場、ベンチを見てしまうと、つい足を止めて座りたくなりますが、キツい登りが終わった後の平坦、または下りは限界近くまで上がりまくった心肺を整える絶好の機会ですし、時間短縮の大きなポイントです。

そのためにはまず登りのみに注力して限界まで追い込まない事です。登りきった時点で足に疲労物質が溜まりに溜まって足が上がらなくなっていたら、せっかくのスピードを上げられる次の区間を無駄にしてしまいます。頂上に上がった時には「登りきった〜！」と思わず、次に来る平坦、または下りに対して気持ちを切り替えて準備をしておく事です。下りの時も下りきったコル※で足を止めて休んでしまいがちですが、次に登りが見えるようだったら助走区間と割りきって、下ったスピードを殺さないで突っきりましょう。

塵も積もれば山となる。このように気の持ちよう一つでレースタイムの短縮は可能です。

※コル…尾根のピーク間で標高が低くなった箇所。

5 山の走り方　ウルトラスピードハイクを探求する——登り編

■舗装路の坂道の登り方

本項はトレイルでの走りを主に扱いますが、ハセツネ30Ｋでも富士登山競走でも、前半、舗装路の登り局面が大きな要素を占める事から触れておきます。登りはどうしても勢いをつけて足首で地面を蹴り込んで登りきろうとしてしまいますが、少しの距離ならまだしも長い坂道では持続できません。接地時間を長くして大股で地面を蹴り続ける事は得策ではありません。なるべく接地時間は短く意識して足のピッチを増やし、テンポよく登る事が大切です。

それにはシザース意識がとても大切になってきます。今までの私の本をお読みの方はお馴染みの言葉だと思いますが、前足が着地する前に後ろ足の膝が追い抜く感覚です。陸上競技としてのランニングにおいてとても大切な動作になります。勾配が急になるにしたがってストライドは出せなくなってくると思いますが、それでもピッチは速く保ち、足の回転を維持します。その際に真下に着地する意識は大切です。身体の前に着地してしまうと登り坂では大きなブレーキ要素になるからです。

■小刻みにリズムよく登っていく

山の登り区間を一所懸命走る事はトレーニングとしてはいい練習になるのですが、あまり追い込んでしまうと筋肉内に疲労物質が溜まってしまい、回復が間に合わなくなり、他の区間を走る事ができなくなってしまう危険性があります。

トレイルランニングにおいて、下りの歩き、下りの走り、登りの歩き、登りの走りの四つの移動形態を比べて、まず最初に捨てていいのは「登りの走り」だと考えていいでしょう。トレイルランニングだからといって走って登る事にこだわると、他の局面で大きくスピードを落とす事になります。特に大股でドタドタと一気に駆け上がっていくと、短い局面ならまだしも、長い登りで無理をしたら、それで足は終わります。終わるとスピードハイクもできなくなり、あらゆる局面でとぼとぼと歩き続けるか、疲労困憊してしゃがみ込んでしまうしかなくなります。つまり同じ歩きでも、足が終了した歩きと終了していない歩きではかなり大きなスピード差として現れるという事をしっかり認識しましょう。極端な話、それだけで長い距離のレースでは山数個分くらいの差がついてしまう場合もあります。それを避ける意味でも登りの走りはペース配分が大変重要です。傾斜がキツくなってきたら小股で細かくピッチを刻んでリズムよく上がっていく。着地した足はすぐ前に戻す。これが勾配があるところを走る場合の基本になります。

■股関節を使って足を回して走る

山を歩く時も上体を前傾させて後ろ足の足首で地面を押し出さず、フワ～ッと持ち上げるようにしますが、特に走る場合は膝から下はただ上から置くようにしてつま先から蹴り出さないようにします。意識としては大臀筋やハムストリングスからなる股関節筋群のみを使い、真下の地面にトン！トン！トン！とタッチしていく感じです。その場合、歩きの時と同じく足の回し方はA図のように下から上に振り上げる半円を描くのではなく、B図のように上から下に回すような意識を持ちます。そうする事によって大腿直筋主導ではなく腸腰筋を使って足を引き上げ

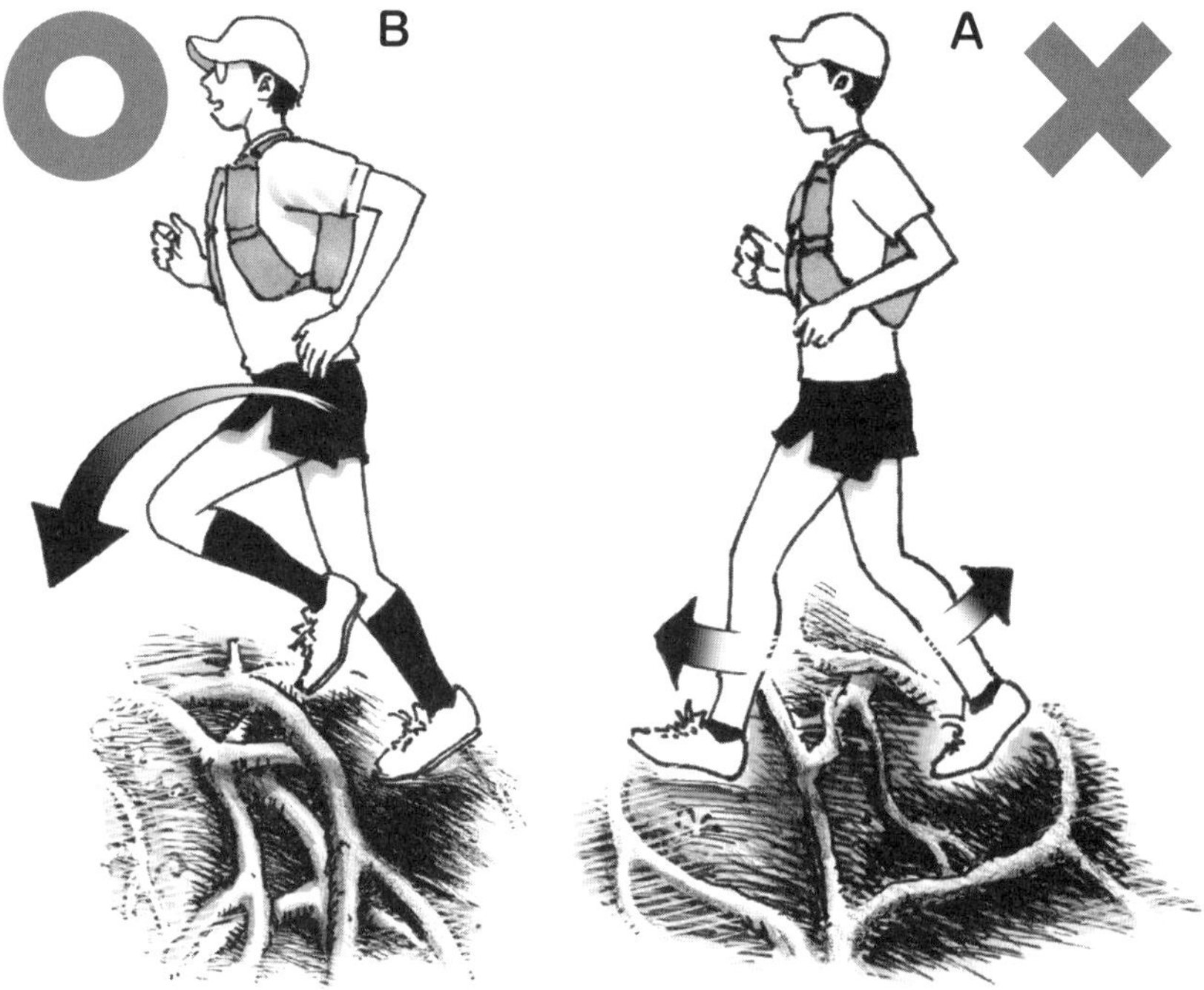

る事ができるようになります。地面に着地の時に上から下へ、離地の時に下から上に回すようにしましょう。足回しも速くなり、膝下が折り畳まれるように引き上げられるので、段差や木の根っこにもつまづきにくくなります。

■大転子ランニングが使えない場合、腕振りが重要に

歩きでも書きましたが、山を登る時にはどうしても後ろ足が残るようになるので骨盤の動きが悪くなります。悪くなるといいますか、上体が前傾する上にバーチカル方向の上下動が入るために大転子の動きも複雑になって意識しづらくなります。ゆえに膝を手で押すパワーウォークのようにナンバみたいな動きもできるようになるのですが、走る場合は膝を手で押す事は、動作が速いためになかなかできません。それより腕は大きく振りましょう。前傾姿勢になり骨盤が上手く動かせない分、腕振りが大きな意味を持つようになります。ストライドが出せず、足が小刻みにしか動かせない時には、パワーウォークの時より少し身体を起こして肘を大きく後ろに振った方がバーチカル方向への推進力に繋がります。ジャンプする時も腕振りを連動させると高く跳べますが、それと同じ理屈で、タイミングよく腕を振る遠心力を使って身体を持ち上げていくのです。

勾配が大きい登りを走る場合、ストライドは大きくできない。その分、後ろに腕を大きく振ってバーチカル方向の推進力に繋げる。また勾配がキツいと足首の柔軟性の限界を超えて踵は着かなくなる事が多いし、着けない方がふくらはぎも楽な場合が多い

■急勾配だと歩く方が歩幅が出る場合が多い

勾配がキツくなると、走っていても足のキック力の限界が近づいて、一歩一歩のストライドが小さくなります。何が起きるかというと歩いている方が歩幅が広くなります。結果、小刻みに走るのと、歩いて登るスピードはほぼ変わらなくなっていきます。では歩く方が楽なんだから歩いた方がいいかというと、そうとも言いきれません。歩く場合、歩幅がひろがり前屈みになりやすく、ふくらはぎ、大臀筋、ハムストリングスなど筋肉に大きな伸張性収縮を感じて局所的な筋肉疲労を起こしてしまう場合があります。

■走る方が全身に筋疲労が分散されて楽な場合もある

走るとピッチが上がり、腕振りも大きくなるので運動量が増えて心拍数も高くなるのですが、全身に筋肉の疲労が分散されて楽な場合もあります。消費エネルギーをセーブするという意味では歩く方が効率がいいのですが、局所的な筋疲労を抑えて足が終わるのを防ぐという意味ではリズムよく走った場合の方が優れている場合もあります。走る場合は、くれぐれもストライドをひろげず細かくピッチを刻み、登りきった後に来る下りや平坦路での局面でスピードが出せるように足を温存させる事が重要です。

6 山の走り方　ウルトラスピードハイクを探究する――下り編

■舗装路の坂道の下り方

下りは勢いがついてスピードが出るのでトレイルでなくとも恐怖心を持ってしまいがちです。身体が立ってしまい舗装路でペチペチと音を立てて、ブレーキを掛けながら下ってしまうランナーも多いでしょう。着地衝撃も大きなものになり膝やアキレス腱などに過度な負荷を掛けてしまいます。

ストライドはあまり大きくせず、脛を後傾させて着地しないようにします。前足を自分の重心より前に着地しようとしてはいけません。つまり前足を棒のようにしてドンッと地面を突くのではなく、地面に流れに沿って足を回して柔らかく振り戻すように着地します。着地感覚は大切で前足部を前にやや滑らせるように（結果的に舗装路だとグリップする事が多いのですが）着地します。練習が必要ですがハマると衝撃を格段と減らす事ができます。

■トレイルの下りはロードランナーと一番差が出る局面

ロードランナーがトレイルを走ってみて一番苦労するのは、テクニカルな下りをどう攻略するかでしょう。トレイルランナーの下りが速い人はあっと言う間に姿が見えなくなるほど圧倒的に差がつく局面です。舗装路メインのランナーは転倒や不安定な路面で滑る恐怖から、ロードで走る実力が出せず遅くなってしまう人が多いのです。やはり山の経験は大切です。またスキーやスノボなどウインタースポーツをやっていた人は下りでバランスを取る事が身体に染みついており、高度への恐怖感も薄いので、すんなりとトレイルランニングに慣れ親しめる人が多いように感じます。

■下り斜面に倒れ込むように滑走する……のはあくまで理想論

「トレイルランニングの下りは斜面に対して身体全体を垂直の姿勢を保って、さらに前に倒れこむように走りましょう」と指導される場合もありますが、非現実的と言わざるを得ません。それでは傾斜に合わせて勢いがついて際限なくスピードが上がってしまいます。下る足も後ろに大きく流れるようになり、一歩一歩のストライドが大きくなり過ぎます。下るスピードは大切ですが、コントロールできないのでは意味がありませんし、危険でしかありません。結局、最後にはコントロールできないスピードに陥って、恐怖で後ろに反って着地重心が崩れて後ろに滑って尻餅をつくか、加速に筋力が耐えきれずつんのめって前に大ゴケするかどちらかです。

腰を前に出して身体全体を
地面に対して垂直な姿勢を
保って下るのは理想論
最終的には、加速に筋力が
耐えきれずつんのめるか恐
怖心からのけ反ってしまい
大ゴケする事になる

■怖いから腰が後ろに引けるのは人間の正しい反応

そういう意味で怖いから腰が後ろに引けるのは人間の正しい反応であり、一番安定するのです。スキーの姿勢を思い浮かべてください。股関節と膝を「く」の字に曲げて腰を引いてクッションの効く姿勢を取る事でスピードのコントロールを容易にします。上半身は

トレイルランニングの下りにおける理想の姿勢は、まさに「へっぴり腰」

前傾姿勢を取り、かつ胸を張る。スキーの姿勢はそのままトレイルランニングの下りにおける基本姿勢として応用できます。

うまく上体の前傾を保って倒れこむような感覚で着地直下に重心を乗せられるようになると下りで滑らなくなります。さらに上半身を前傾させる事によって地面との距離が近くなり高度感が減ります。また足元もよく見えるようになります。つまり上半身は前傾を保ち、下半身は腰と膝を曲げてクッションを効かせた状態が一番下りの実戦的なフォーム。下りは恐怖心から腹筋や肩などに力が入ってしまいがちですが、バランスが悪くなるだけなので脱力して身体の重心は真ん中に保ち続けるようにします。

楽に身体を下に下ろしていく

下りの上手い人は、ちょっと表現的に変かもしれませんが頑張っているように見えないのです。ミズスマシが水面をスーッ、スーッと移動するといった形容が合っていますでしょうか。脱力しているからか上半身は柳に風のごとく巧みに着地衝撃をゆらゆらと受け流しバランスを取ってものすごい勢いで下っていきます。

着地は舗装路の時と同じく前足部を前にスライドするような意識を持ちます。見た目にはグリップしているようにしか見えませんがバタバタ音が消えて着地衝撃を格段に抑える事ができるようになります。

■下りの段差では大きく弧を描いて飛び降りない

歩きの下り局面で腰を引いて後ろ足重心にして下りる事を推奨しましたが、ランニングでもこの意識は大切です。といってもへっぴり腰で恐る恐る下りてくださいという意味ではありません。

残心という言葉が武道にあります。剣術で相手を打ち終えた後でも、力を緩めたり気を抜かずに最後まで振り抜く状態を示します。余韻を残すとでもいうでしょうか。簡単に言うと後ろ足が少し上の段差に残るような意識を持ちつつ下るのです。身体を放り出すのではなくコントロールします。それだけで前足はドタドタと着地しなくなり、着地衝撃は減ります。この時ばかりは後ろ足をすぐ前に戻すシザース意識から離れて、間延びした足運びにするのです。

イメージとしては「跳ばない」。下りでは勢いよく斜め上にジャンプしたくなりますが、弧を描いて段差を下りるのは重心の移動距離的にも着地衝撃的にもマイナスでしかありません。段差が多く続くと確実に足をやられます。前方に飛んで着地しようとしてはいけません。後ろ足で地面を捉えつつ、段差直下に着地するようにイメージします。いちいち上に弧を描いて跳ぶより身体の移動距離が少なくなります。つまり速くなります。といっても傍目からは結局跳んでいるし、そんなに変わらないように見えるかもしれませんが、大切な意識です。

■階段の一段飛ばしで練習してみる

後ろ足の残心を練習するのは街中でも可能です。階段を一段抜かしで下るのです。やった事がない方は最初は手すりなどに掴まって安全を確保してやってみてください。最初は恐怖心もありますが、慣れてくると後ろ足にやや荷重を残したまま、腰を傾斜に合わせてスーッと素早く下れるようになります。闇雲に飛び降りるのではありません。着地面に対して足を押し込むような感覚が大切です。着地衝撃はあるし実際ジャンプしているのですが、弧を描かずなるべく直線的に、コントロールして下る感覚を身につけてください。下りの高度感とスピードに恐怖感がある場合はそれに打ち勝つ精神力を養う方法でもあります。しかしくれぐれも周囲や自分の安全には気をつけてください。怖くなって上体が後ろにのけ反ると転びやすくなります。

■岩場の場合、足を置く場所は岩の上

初心者ならずとも、中級レベルの登山者でも間違えてしまうのが、岩場の足を置く場所です。岩場を下る時は岩を避けてスキマの部分を走るのではなく、岩の上に足を置くようにします。岩の上の部分は滑りやすく怖いと思ってしまいがちですが、段々とトレイルランニングに慣れてくると前方の岩がグラつくのか、足を乗せても動く石か動かない石かど

うかがわかるようになってきます。岩の上の部分をポン、ポン、ポンとリズミカルに下りる事ができるようになると下りのスピードが格段に速くなります。もちろんそのためにはバランス感覚を鍛えておかねばなりません。しかしあまりに尖った岩だと靴底が薄いシューズの場合、痛い場合もあるので気をつけましょう。

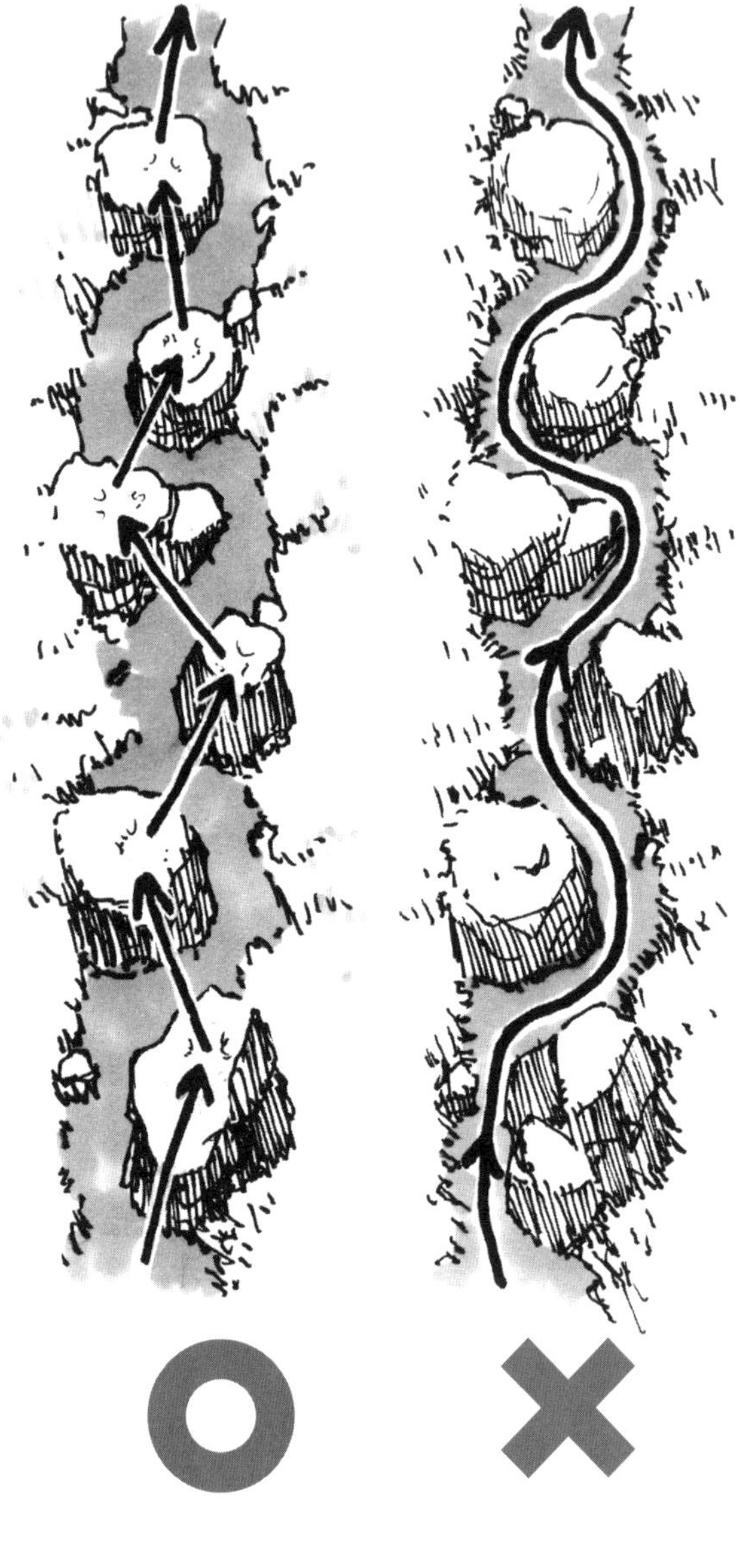

Aさんと Bさんの下り方の違いは……？

■着地面の安定を求めてはいけない

尖った岩だと足裏が痛いと書きましたが、逆に言うとアウトソールに突き刺さるようにグリップするわけですから、岩自体が動かないなら滑りにくいとも言えます。足を置く岩もこちらを向いた安定面を探すのではなく、山の傾斜に沿った面に着地できるようになるとブレーキ要素が減ります。図で言うと先頭のAさんは傾斜面と平行した岩の上部でも斜めの面を選んで着地しています。そのぶん着地衝撃を大きく減らす事ができます。この時必ず重心真下に着地するようにすれば滑りません。Bさんは岩を階段のように捉えて上から段差の水平面に向かって弧を描いて大きく飛び降りるような下り方になってしまっています。滑らない可能性は高いですが、速さでも着地衝撃の点でも最終的にAさんとBさんには大きな差がつきます。ただ濡れた木の根っこや木段などは調子に乗らない方がいいでしょう。

■転ぶ時の科学

トレイルランニングでは、前につんのめって転ぶ時は勢いがついて攻めている時でプロに多い、後ろに転ぶ時はお尻が引けている時でアマチュアに多いといわれます。しかしそうではありません。子供は歩いている時でも前に転びますよね。ランナーも舗装路でもちょっとした段差に足を引っ掛けて前に転ぶ時があります。足が低位置だからでしょうか。

それは半分当たっています。実はちょっとした段差が1㎝に満たなくても、転ぶ時は転ぶのです。それは足が着地する寸前と離地する寸前に足を引っ掛けやすいからです。柔道の足払いは足がベタッと畳に着いた時点や足が完全に浮いた時点は狙いません。浮いた足（遊脚）が畳近くの重心が掛かり際《ぎわ》に払うから相手は倒れるのです。トレイルランニングで前に転ぶのも同じ理屈になります。

後ろへは、お尻が引けて重心が安定していると転ばないものです。転ぶ時は下りなどでビビッて上体がのけ反ってしまっています。ただ突然のぬかるみなどにビックリしてしまってのけ反ってしまう場合もあるので、全てを防ぐのはトップ選手でも難しいです。

■接地時間が長いとその場に居つく事になる

ガレ場やザレ場をポンポンと走っているランナーの横で歩行者が滑って転んで「なんで走っているのに転ばないんだ？」と不思議そうな目で見られる事がありますが、それは接地時間がランナーの方が短いためです。そして滑る事を恐れてはいけません。滑るというのは、滑った時点でビックリして固まってしまい、その場にとどまろうとするからです。スピードが速い遅いは関係ありません。だから歩いていても滑って転ぶのです。滑るとその場に居ついてしまうから、さらに滑り続けてしまうという悪循環。そして転んでしまうのです。ローラースケートやアイススケートは滑ってナンボ。滑ったからってビックリしないですよね。そのくらいの気持ちで「いつでも滑っていい、ドンと来い！」くらいの気持ちで走った方が滑らないし、滑っても危なくありません。

■道の真ん中だけでなく端の斜め部分も利用する

登山道が木段などで作られている場合、着地面が痩せてかなりの段差になっている場合があります。それをずっと正直に木段の真ん中を下り続けていると、着地衝撃でかなり膝や足裏をやられてしまいます。その場合、道の端の斜めの部分に着地するといいでしょう。斜めになっているという事は着地衝撃も弱められるという事。そして斜めだから滑りそうですが、接地時間を短く取り、リズムよく下りると意外と滑りません。

また、木段が痩せ細り、木段むき出しのハードルのような状態になっている場合があり

ます。そういう時は大抵、登山道の左右に木段を避けて歩けるスペースができているはずです。ただ登山道からむやみに外れてしまうのは自然環境の保全の観点からお薦めできません。

■腕振りは脱力して、行きたい方向に行かせてやる

なだらかな斜面ならロードと同じく普通に腕を振れますが、勾配がきつくなると下り独

特の腕振りのフォームが出てきます。登りの局面では腕振りが意味がなくなってしまうと書きましたが、下りでもそれは同じです。平地では歩く時に足と対角の腕が前に振り出されますが、骨盤にバーチカル方向の動きが入るために、下りも急勾配になると腕振りはやっても、ダラ〜ッと下げていても同じになります。腕振りを足と対角に振る意味もあまりなくなっていきます。

そうすると腕はやはり無用の長物になりますが、木段などの段差、岩などガレ場[※]が続く場合、着地に合わせてタイミングよく腕を振り上げると一瞬身体が浮いて軽くなり、着地衝撃を弱めて足を守ってくれる事になります。また岩場の下りや左右への切り返しでも腕と手でバランスを取る事によって身体の重心を真ん中に保つ事ができます。当たり前ですが、この動作は指先まで脱力しなくては行えません。そして肩周りの柔軟性もかなり大切な要素になってきます。

※ガレ場…ゴツゴツした岩が散乱した荒れた路面。

7 山に行く時に履くシューズを考える

■ジョギングシューズのようなものはたちまち足首を捻挫してしまう？

登山靴というと、ハイカットで分厚く重量感のあるシューズを思い浮かべる方も多いと思います。山の歩き方の指導書では「山道の凹凸ではバランスを崩しやすいので足首を捻挫しやすい。足首を保護する意味でも、疲労を軽減する意味でも足首からくるぶしまでしっかりとカバーするハイカットで頑丈な登山靴を履くのが望ましい」とよく書かれています。そして「ジョギングシューズのようなものはたちまち足首を捻挫してしまう」と言い放っています。

それが本当なら、トレイルランニングを楽しむ皆さんはほとんど捻挫でのた打ち回っている事になります。でもそんな事はありませんよね。以前はテニスやバスケットボールも同じく足首を捻挫を防ぐためにハイカットのシューズが定番でしたが、今や足首の捻挫を防げないだけでなく、足首の可動域が制限されて膝を痛めるという観点からローカットが主流になっています。

登山の雑誌はよく膝痛特集が組まれますが、ハイカットの登山靴をやめるだけで膝痛から解放される人も多いと思います。

■登りの時にハイカット登山靴だと足首の可動域を制限しすぎ

ローカットのジョギングシューズでも紐をきつく締め過ぎると足首の可動域が制限されて山登りがしにくいです。山を登るには前傾姿勢が必須で、それには足首が柔軟に自由に動く事が重要になります。そして足裏が後ろ足を持ち上げる時点である程度たわんでくれないと歩きにくい事この上ないのです。ハイカットで頑丈な登山靴なんて履いてしまったら最悪です。鈍重で足首が曲げられず、足裏もたわみにくく、辛そうに登っている人をよく見かけます。そういう登山靴の人ほどストックを持っている確率が高いですね。きっとバランスも悪く登り辛いのを何とかカバーしようとしているのでしょう。登山の人に「よくそんな軽装シューズでゴツゴツしたところを走れるな」と言われますが、逆なんです。

■下りでもハイカット登山靴はバランスが悪くて危険

山ではガレ場やザレ場[※]と呼ばれる不安定な路面が出現します。転倒して怪我をしないか、足首などを捻挫しないか緊張を強いられます。その時に第一に身体を守ってくれるのは、自身の身体に備わったバランス感覚です。ところが頑丈なハイカットの登山靴だと足首を強制的に固められてしまうので、本来足首の柔軟性によって吸収できるぐらつきでも、膝や腰に過度の負担を掛ける事になります。また後ろ足に荷重を掛けるのにも靴底のたわみ

※ザレ場…細かい石や砂の浮いた路面。

が必要なので、固いとコントロールできずに前足からドスンッとモロに着地衝撃を伴って下りる事になります。このように足首の柔軟性と可動域が登山の辛さを決めると言っても過言ではないでしょう。頑丈な登山靴は疲れてくるとその重たさゆえにコントロールが効かず足をさらに投げ出すように着地してしまう事を助長します。

■ハイカットで頑丈そうな登山靴は見た目のファッションアイテムでしかない

本当の意味でのハイカットで頑丈な重登山靴の存在意義は、凍て

ついた雪山で氷の壁を登るためにあります。鋭い刃がついたアイゼンを装着した時に、緩まないように靴底に鉄板が入れられているのです。シューズ自体が歪むと装着したアイゼンがズレやすいためです。アイゼンのズレ、すなわち氷の壁からの滑落を意味します。足裏に鉄板が入っていたら岩場や階段などで路面に足裏が追従しにくく、そして重たいので歩きにくいのはわかりますよね。実は今の登山靴というのは、そういったガチ冬季登山用に作られたシューズの外見だけを真似たものがほとんどと言ってもよいでしょう。

もちろん、さすがに鉄板入りでは低山登山では重たいし歩きにくい事この上ないので靴底は柔らかくなっていますが、逆にアイゼンを装着をしてもズレやすいので、外見は同じでも、本来の目的である厳冬期の雪山には履けません。そして本来の重登山靴は防寒防水がしっかりしていますが、なんちゃってハイカット登山靴はコスト面や軽量化、ムレにくさを考えてそういった機能は取り払われているものが多いのです。登山ショップでは大手を振っていまだにハイカットの分厚い靴がたくさん並んでいますが、実はローカットのハイキングシューズやトレイルランニングシューズの方が、不整地である登山道をスタスタ登れます。軽いし楽だから行動範囲もひろがります。残念ながら、なんちゃってハイカット登山靴は、重たいのを我慢しつつファッションアイテムとして街中で歩く時に履くくらいしか有効利用の道が思いつきません。

■トレイルランニングシューズの選択はどんな路面を走るかによって変わる

トレイルランニングシューズのアウトソールの凸凹した突起をラグといって、山道を走る時のグリップ力を左右します。メーカーによって多種多様なパターンがありますが、一見、戦車のキャタピラのようにゴツゴツしてグリップしやすそうに見えて、実は濡れた路面には弱かったり、泥が簡単に詰まってしまいグリップしなくなったり、山ではそこそこグリップするけれどコンビニの床では滑ってしまう残念なシューズもあります。

大きなラグがシンプルについているシューズはとても地面に引っ掛かりやすいように見えますが、ラグの磨耗を抑えるためにゴム硬度を高めている事が多く、意外に平らな路面ではグリップしません。特に平たく濡れた岩場や硬く締まっているけれど苔むした赤土の湿った路面では滑り出すと止まらない事もあります。グチャグチャの泥濘では一定のグリップを確保できますが、かなり限定的と言わざるをえません。つまりグリップの能力はラグがどれだけ変形するかで決まるのです。そして変形しやすければしやすいほど、ロードを走ると反発力がなく磨耗も早いという事になります。

トレイルランニング専用のシューズは色とりどり、有名選手が履いてメーカーごとに様々な特性を謳って魅力的なシューズが販売されています。ただ、感じるのは速い選手は何を履いても速いって事。自分でも実際にラスポルティバやモントレイル、サロモンの定番といわれるシューズを履いて試しましたが、似たり寄ったりな感じでした。あとは自分の感覚に合ったものを好みで選んでよいと思います。

軽量のマラソンシューズを使うという選択肢もあります。実際ハセツネCUPや富士登山競走でも見かけます。よく乾いた路面ならトレイルランニング専用のシューズより軽さを武器にできます。登りは特にそうですし、下りも上手く走ればそれほど滑りません。しかしレースで雨が降りたくさんの人が走ったグチャグチャの泥濘ではラグに土が容易に詰まってしまい、ほぼグリップしなくなります。登りの局面では何かに掴まらないと前に進めないような状況に陥る事もあります。下りも泥濘の尻セード※なんて最悪です。またかなり尖った岩場を下る場合、軽量に振ったトレイルランニングシューズやマラソンシューズはアウトソールが薄いので衝撃がもろに伝わってとても痛い場合もあります。

シューズの選択は難しく、それがまた楽しいという人も多いです。トレイルランニングのシューズは一足に限定せずに、ぬかるんだ泥道に強いシューズ、ガレた岩場に強いシューズ、ロードでも耐久力があるオールラウンドなシューズ、渡渉や雨に強いシューズなど特徴をよく理解して、登る山のサーフェスの特性や天候、距離に合わせた戦闘能力の高いパートナーを選べるのが理想です。

※尻セード…主に雪山でお尻を使って滑り降りる事。

第2章
日本最高峰の頂へ！
伝統の富士登山競走への挑戦

■富士登山競走への憧憬

"He who climbs Mount Fuji is a wise man, he who climbs it twice is a fool."

アメリカのオバマ元大統領もスピーチで引用した、この日本の諺《ことわざ》をご存知でしょうか。

「富士山に一度も登らぬ馬鹿、二度登る馬鹿」

という意味で、江戸時代に富士山登山が流行った時から使われていたようです。

言うまでもなく富士山は日本の象徴的な霊峰。日本人なら誰でも知っているばかりでなく、世界的にもその知名度は高く、多くの外国人登山客が毎年のように訪れています。

そんな山に日本人でありながら一度も登っていないなんて馬鹿である。

しかし実際登ってみたら途中の山道は何もなく、眺めがいいわけでもなく、ただ石がゴロゴロしているだけでつまらない。二度も登るのは大馬鹿者。やはり富士山は「遠くで眺めて美しい山である」、という意味らしいです。

私が富士山に最初に登ったのは2004年の夏。まだマラソンを走っておらず不摂生の極みだった頃です。体重も85kgほどあったでしょうか。特に登山に慣れ親しんでいたわけではなく、東京近郊の山で、それも高尾山や御岳山《みたけさん》などを小学生の時に遠足で登った程度

でした。しかし関東で低山歩きをしていると、どの山の展望台からも富士山が見えます。それまでマンガを描く事以外、特に趣味もなく、40歳を過ぎて「何か人生に爪あとを残そう計画」を発動していた私は富士山登山を勧められて「どうにかなるだろう」くらいの気持ちで友人たちと朝早くクルマで向かいました。

五合目までクルマで上がり、午前4時くらいからTシャツとジーパン、普段履きのスニーカーという舐めたスタイルで登り始めました。延々と続くつづら折りの火山灰の坂道に辟易し、途中で現れた岩場に「こんなの聞いてないよ〜」と悪態つきながら心臓バクバクさせて両手両足を使ってよじ登る。高山病で頭がクラクラしてきて、手が痺れてきて息も絶え絶え。天気も悪く山頂付近は強風と雨で100円ショップのレインポンチョはボロボロに裂けて全身ずぶぬれ。一緒に登った友人らに何度も休憩を懇願して、ぐったり疲労困憊の末に山頂に着いたのが8時間後の午後12時過ぎ（平均コースタイム6時間10分のところ）。1時間ほど山小屋でぶるぶる震えながら休んだ後に下山を開始。延々と続くかに思える下りの道は転びまくってズボンが破け、二度と富士山なんか来ない、やっぱり遠くから眺める山なんだと確信しつつ、下りも5時間くらい掛かって（平均コースタイム3時間30分）、日が暮れた頃に五合目に戻ってぐったりしながら帰途に着きました。それでも「俺は日帰りで富士山に登ったんだ」と編集さんやアシスタントさんにドヤ顔で語っていたのだから笑ってしまいます。

その後に何かの雑誌で初めて富士登山競走の記事を目にしました。まだまだトレイルランニングなんて言葉が一般的ではない時代です。富士山のごつごつした岩場をランシャツ、ランパンで苦痛に顔を歪ませながらよじ登る男たちの写真がありました。なんと場違いな恰好なんだと唖然としました。

そこにはこう書かれていました。

富士登山競走は1948年（昭和23年）に第1回が開催された伝統ある山岳マラソン大会。標高770mの富士山の0合目のさらに手前の富士吉田市役所前からのスタートとなる。

北口本宮冨士浅間神社《きたぐちほんぐうふじせんげん》から吉田口登山道を通り、標高3711mの富士山頂久須志《くすし》神社までの山頂コースは距離21㎞、高低差は日本最大の約3000mに及ぶ。そして優勝者には内閣総理大臣賞が男女それぞれに授与される格式高いイベントでもある

「え？ マラソンの恰好じゃないか。寒くないのか？手ぶらだしリュックも背負っていないし、意味がわからない。しかも0合目ってなんだ？ふもとから？五合目でもあんなにキツかったのに。富士吉田市役所から登り始めるって……すごい」

しかも脚自慢の男たちをもってしても完走率40％台。半分に満たないって、世にも恐ろしいマラソン大会があったもんだなと思いました。まさか私がそんな大会に挑戦する羽目になろうとは。

ランニングが趣味になり、ランニングクラブの連中の間で話題に上がる富士登山競走というキーワード。一体どんなもんなんだろうと気になりつつも、あんな心臓に悪そうな大会出るもんじゃないと思ってその話題を避けていました。

■うっかり試走につきあい、ひどい目に遭い尻尾を巻いて退散

とはいえ徐々に富士登山競走に対して湧き上がる興味は捨てがたく、ラン友さん達に混

北口本宮冨士浅間神社の参道。木造では日本最大級の富士山大鳥居や樹齢1000年以上といわれる冨士太郎杉がある。富士講の先達者の石像も

富士山０合目の金鳥居

ぜてもらい、怖いもの見たさで試走に連れて行ってもらう事になりました。サブスリーを達成する前年の２０１４年です。かすみがうらマラソンで3時間30分を切って走力が上がったという実感もあり、結構イケるんじゃないかという秘めたる自信もありました。初めて富士山の0合目、富士山駅近くの金鳥居《かなどりい》(標高８００ｍ。高尾山の５６７ｍよりすでに高い！）から走り出しました。ドキドキです！

　富士吉田ルートの金鳥居は通称、一の鳥居とも呼ばれます。その先にある北口本宮富士浅間神社から登る富士吉田ルートはいわゆる「富士講」という富士山そのものをご神体とする富士山信仰により登られていた登山道です。室町時代からの歴史を感じられる史蹟が多く残るルートで、以前、金鳥居付近は「御《お》師《し》」と呼ばれる宿坊が軒を連ねていました。

　上宿《かみじゅく》の交差点から浅間神社の参道脇の道に入り、馬返《うまがえし》までおよそ8㎞の舗装道路の登り坂が続きます。標準登山コースタイムで登り2時間40分、下り2時間10分です。ちなみに、富士山

駅から浅間神社まではコースタイム行き45分、帰り40分。

浅間神社と馬返のちょうど中間地点にある中の茶屋（標高1110m）は今でこそ新しい建物ですが、江戸時代の宝永4年（1707年）創業の歴史ある休み処です。別名「遊《ゆう》境《きょう》」もしくは「幽境」と呼ばれていて、この世とあの世の境を表しています。つまりこれより先は霊峰である富士山の聖域である事を示します。試走する場合、左の舗装道路（滝沢林道）に進まず、中の茶屋前の砂利道を進んで遊境橋を渡ってください。それ以降、馬返までは「これでもか！」と似たようなカーブが続き、坂の勾配がどんどんキツくなって最後の方は走るのが辛くなります。私は歩いてしまいました。

馬返（標高1450m）は斜度が険しくなり、江戸時代においては字のごとく乗ってきた馬を帰して、登山は徒歩に変わっていた場所です。以前は4軒の山小屋が存在していたそ

中の茶屋

中の茶屋以降は道が荒れて馬返までコーナーの連続になる

通称「落とし穴」と呼ばれる浸透桝

通称「ハードル」と呼ばれる排水溝

うです。今は駐車場とバス停(富士山駅⇕馬返)、あと夏季シーズンには仮設トイレもあります。馬返の鳥居手前の両脇には合掌する猿の像があります。富士山は噴火して一夜にしてできたという伝説があり、その年が庚申《かのえさる》の年であった事から猿が富士山の使いとされているのです。

馬返から舗装ではなくなり、いわゆるトレイルに入ります。富士山というと草木も生えていない黒い地肌の火山で頂上付近に白く雪が積もっているという印象ですが、五合目まではしっかりと樹林帯があります。うっそうと茂った森を抜ける登山道で路面も階段から土道、石段と状況がずいぶんと変わります。二合目までは通称「落とし穴」と呼ばれる大きな浸透桝や「ハードル」と呼ばれる大きな段差がある排水溝が設置されています。これらは登山道の中央を走れずコース取りを悩ませますが、意地悪で作られているわけではありません。馬返からの登山道は、土の斜面が多いために、春から初夏にかけての雪解け水による洗掘と呼ばれる小川が登山道にできる事が多く、それを防ぐために作られているのです。ゆえに富士登山競走は、通常のマラソンにないさまざまな障害物による難関が待ち受ける事になります。馬返まで突っ込むと、疲弊した足でこれらの障害物をバランスよく避けて通過しなくてはいけなくなり、かなりストレスになります。また、歴史ある登山道の面影として石畳も多く残っています。この石畳が意外と曲者で濡れていると滑りやすく走りにくい事この上ないです。

二合目を過ぎたあたりで御室浅間橋《おむろせんげんはし》というコンクリ橋を渡ります。この部分は少し平坦で走れます。そのあとに少し登ると細尾野線という林道と交差するポイントがあります。

さらに登ると三軒茶屋というほぼ倒壊した廃屋があり、その先には細尾野橋がかかっています。四合五勺《しゃく》の「日本橋」と刻まれた御座石《ございし》のある井上小屋跡を過ぎ、五合目まではあと1㎞ほどの道のり。平坦な部分はなるべく走りたいですが、それまでの登り道に足を使い過ぎると、もうメインである六合目以降にゆっくりしか歩けなくなります。

滑りやすい石畳も出現

五合目近くになってくると溶岩が突出したような登山道になるので、一歩一歩大股になり、足の筋肉に負担を掛けます。足の置き場にも気を遣わなくてはいけません。木に模したコンク

五合目近くになると溶岩が突出したトレイルに

りでできたスキッ歯のような柵を抜けると滝沢林道という大きな舗装路に出ます。左にＵターンするようにカーブしてからまたトレイルに右折。ようやく山の表情が変わりホッとするところです。しかし余裕を持っている暇はありません。最大の難関は佐藤小屋に通じる細いつづら折りの道。ここに早くたどり着かないと大渋滞が起きて大きなロスになります。結局、五合目まではとにかく突っ込まないといけません。

佐藤小屋の標高は２２３０ｍ。予約があれば冬も通年営業の登山者のありがたい基地です。馬返からの標高差７８０ｍを、ゼーハー言いながら登りました。ところがここからが本当の富士登山が始まります。高度との戦いが待っているのです。人によっては高山病の影響が徐々に出てきます。頭がボーッとしてきて心臓がバクバク、頭痛や眩暈《めまい》が出たり手に痺れを感じます。私もヤラれました。息も絶え絶えで佐藤小屋の一つ上

の段にある里見平★星観荘を通過、その後も人が一人しか通れない、岩がごつごつした悪路が続き、うまく進めずにイライラします。

六角堂と日蓮上人像がある経ヶ岳からほどなく、六合目にある富士山安全指導センターに到着。この手前で一気に山頂までの展望が開け、道も広くなるので気持ちは盛り上がります。逆にあまりにデッカイ山塊で、要塞のようにつづら折りに山小屋が連なり、はるか彼方の山頂に愕然とする人もたくさんいるでしょう。ここで富士スバルライン五合目までバスや自動車でやってきた大人数のパーティが右から合流するので、夏季シーズン中は一気に登山客が増える事になります。またここからは樹林帯はなくなって、赤茶けた荒涼とした火山礫《かざんれき》がひろがります。ほぼ日陰もありません。風がある場合は

つづら折りのコーナー

落石防止柵に沿った火山礫の道

六合目から山中湖を望む

富士山頂より

ここから急に強風に曝される事になります。

安全指導センターからはしばらく落石防止柵に沿ってつづら折りの広い道が続きます。きれいに整備はされていますが、火山特有の細かい砂利で二歩進んでは一歩後退するような感覚。頑張れば頑張るほどもがき苦しむ感覚に陥ります。そして難関がその曲がり角。内側に入るほど段差がキツく、外側は段差が少ないのですが遠回り。何て事ない段差ですが、空気が薄く疲弊しきった足を一歩持ち上げるだけで四苦八苦。五合目から登った時もキツかったですが、0合目からだと完全に足が売り切れ状態です。

当然走る事もできず、立ち止まっては息を整え、そして歩き出すもすぐに立ち止まる。最初はトレイルランニングの軽装スタイルだったのでカッコつけて速めに歩いていましたが、山頂手前の岩場ではぐったりして普通の登山者にも後れを取るありさまでした。それでもなんとか苦しみながらも頂上にたどり着きました。6時間30分掛かりました。富士登山競走は純然たるアスリートの大会を掲げて厳しい制限時間が設けられており、4時間30分以内に頂上に着かなくてはなりません。もちろん一緒に行ったラン友から大きく遅れて、下りは一人だけ五合目からバスで下山しました。一応タイムは意識しての2時間超過という結果。

「やっぱ山には向いてないな……。これは」

五合目バス停にある銅像

徐々に走力がついてきた実感があった時期だけに鼻をへし折られました。富士山という日本一の高い頂の洗礼を受けて、肩を落として東京に帰りました。

富士吉田市役所にある記念碑

富士急行富士山駅

■山頂までの試走は山開きになる7月1日から約1ヶ月しかない

それから3年の歳月を経て、私は「はじめに」で触れた編集さんの策略にハマり、いきなり富士登山競走の山頂コースに挑戦する事になりました。もちろん出場するからには結果を残さねばなりませんが、富士山には悪いイメージしか残っておらず、一体どうしたら山頂まで関門アウトにならずに行けるのか見当もつきません。

２０１７年に入って富士山は6月あたりでも雪が八合目から上は残っていました。

7月1日、富士山が山開きとなり、山頂までの登山が可能になります。富士登山競走に出るランナーたちにとって公式に山頂までの試走ができる唯一の期間です。私は時期的にもスケジュール的にもたった1回の試走になってしまいました。でもまだ地方に住むランナーより交通の便はよいから助かります。バスタ新宿から高速バスに乗り、1時間45分ほどで富士急行の富士山駅前に到着。実際にスタートする富士吉田市役所からタイム計測を開始。荷物もかなり軽量にして、かなり時間を意識して試走しました。結果、5時間10分で頂上に到達。２０１４年から3年の

山頂付近は夏でも残雪が見られる

月日を経て何とか1時間20分縮めているものの……

「え、40分も超過してるじゃん……」チーン。

　頂上まで4時間30分の時間制限がある上に、五合目や八合目にも厳しい関門の時間制限が設けられています。

　五合目関門アウトが2時間15分（※富士登山競走山頂コースのアスリート化を推進する事を目的として、２０１７年の第70回大会より山頂コース五合目関門時間を従来の2時間20分から5分短縮し、2時間15分とする事を発表）のところ、2時間20分……。

　いくら試走とレースは状況が違うといえども、これでは頂上はおろか五合目の関門通過も危ぶまれるタイムです。編集さんのニヤニヤした顔が帰りの高速バスで何度も浮かんできました。

「なんですか？五合目？半分だけ登ったところで関門アウト？みやすさん、全然、山は説得力ないじゃないですか？？」

　もう泣きそうでした。マラソン本の第三弾を書くにあたってのハードルを上げられた結果の三連戦。正直、二戦目のハセツネは24時間以内にゴールをすれば完走扱いになり、何となく形にはなりそうです。

そして三戦目のフルマラソンでのサブスリー達成は、加齢というマイナス面を考えても二度達成しているという経験則があります。しかし、さすがに本を書くにあたって、富士登山競走は2017年最初の挑戦なのに「関門に引っ掛かりまして完走できませんでした」とほうほうの体で退散するのは情けなさ過ぎます。話の腰を折り過ぎです。「大体なんでマンガ家がこんなのに挑戦しなきゃなんないんだ……」「こんな50代半ばで一歩間違えば心臓麻痺が起きそうな事してるなんておかしいだろ」頭の中にグルグル色んな考えが巡りました。とりあえず一か八か完走ギリギリのタイムスケジュールを考えるしかありません。そしてできる練習をやるしかないと決意を新たにしました。

ポイント名	スタート地点からの距離(km)	ゴールまでの距離(km)	スタート地点からの温度差(℃)	スタート地点からの標高差(m)	この地点までの到達率
富士吉田市役所	0.0	21.0	0	標高770	ー
冨士浅間神社付近	3.0	18.0	-0.5	+80	100%
中の茶屋付近	7.2	13.8	-2.5	+340	99%
馬返付近	10.8	10.2	-4.5	+680	99%
御室浅間神社	12.6	8.4	-6.5	+950	98%
五合目 佐藤小屋付近	15.0	6.0	-10.0	+1460	71%
六合目 安全指導センター付近	16.0	5.0	-11.0	+1610	58%
七合目付近	17.0	4.0	-13.5	+1930	55%
八合目付近	18.8	2.2	-18.0	+2630	50%
山頂 久須志神社	21.0	0	-21.0	+2941	43%

（富士登山競走公式 WEB サイトより各ポイントの紹介）

■関門アウトにならないためのタイム設定をする

山頂コースでは、馬返に関門はありません。しかし五合目、八合目、頂上と続く関門設定からおのずと馬返も通過しなくてはいけない時間帯というのが見えてきます。過去の大会記録では富士吉田市役所スタートから馬返までを1時間5分以内で通過した選手は9割以上が頂上まで完走しています。そして1時間5分～10分で馬返を通過した選手の完走率は4～5割程度に激減し、1時間10分以上で通過した選手の完走率はなんと1割まで落ち込みます。なんとしてでも1時間5分以内での通過を望みたいところです。

先に触れたように、第70回大会より山頂コース五合目の佐藤小屋の関門時間は、2時間15分と短縮されました。過去の大会記録を調べてみると佐藤小屋を2時間5分以内に通過した選手の頂上完走率が9割5分に近いのに対して、2時間5～10分で通過した選手の完走率は7割程度、2時間10～15分だと3割程度になっています。そして2時間15分以上ではほぼ完走していないという具体的なデータの裏づけがあるのです。つまり「2時間20分から15分に短縮されちゃった、どうしよう！」と焦っている時点で完走はまずできないレベルという事になります。何としてでも2時間10分以内で五合目関門を通過するというのが重要になります。さらに佐藤小屋下から安全指導センターまでの細い道での渋滞を回避する意味でも早目の通過に越した事はありません。2時間以降はまず渋滞が起こるとみて

富士登山競走山頂コースの予想タイムスケジュール

ポイント	所要時間	備考
富士吉田市役所スタート		午前 7:00
金鳥居	0:07	
上宿交差点左折	0:13	
北口冨士浅間神社【給水】	0:15	
交差点（高速くぐる）	0:27	
富士北麓公園T字路	0:34	
中の茶屋【給水】	0:40	午前 7:40
大石茶屋	0:57	二回右左折を繰り返し
馬返【給水】	1:05	午前 8:05
二合目（橋）	1:22	
二合五勺（一旦道路）【給水】	1:28	細尾野林道交差点
三合目三軒茶屋（橋）	1:31	
四合目大黒茶屋	1:40	
四合五勺	1:45	
滝沢林道（舗装路）	1:55	
佐藤小屋【給水、給食】	2:00	（★五合目関門 2:15）午前 9:00
安全指導センター【給水】	2:15	2380m、坂ジグザグ登り
花小屋【給水】	2:40	2700m（手前から岩場出現）
トモエ館	2:44	
鎌岩館	2:48	2780m、17.3km
東洋館	2:55	
八合目太子館【給水】	3:16	3100m、18km
蓬莱館	3:20	（岩場なくなる）
白雲荘【給水】		3200m
元祖室	3:37	
富士山ホテル（第二）	3:50	（★八合目関門４時間　10:50） 3400m、18.8km　手前に第一がある
御来光館【給水】	4:00	3450m、20km
九合鳥居	4:13	（最後に少し岩場）
頂上【給水】	4:25	（★ゴール関門 11:30）21km

いいでしょう。

また八合目の富士山ホテルでの関門通過打切り時刻は午前11時。時間で言うと4時間以内に通過すればいい事になります。ですがギリギリではまずいのです。3時間50分以内で通過した選手はほぼ完走しています。3時間50分〜55分だと8割〜9割程度の完走率に下がってきてしまいます。3時間55分〜4時間だと3割程度にまで落ち込んでしまうのです。これもまた安全というレベルで言うと55分までには通過したいものです。

試走を終えたあと、私は左ページのタイムスケジュールを組みました。一応4時間30分完走のイメージですが、ギリギリ過ぎると（高山だけに）心臓によくないので5分ほど余裕を持たせました。

この設定を印刷した紙をカードケースに入れて首からぶら下げて走る事にしました。

■富士登山競走に特化した練習を開始する

富士登山競走の具体的な練習に入ったわけですが、試走でハッキリわかった事があります。私は大きな勘違いをしていたという事です。全行程21㎞中、佐藤小屋までが15㎞、それがおおよそ2時間。そしてそれ以降の山頂までの6㎞は急勾配の登りとなり走れなくなります。さらに手で岩を掴んで登る時間も長くなります。当然歩きます。これらがおおよそ2時間30分。つまり走るよりも歩き続ける区間が長いのです。

なのに私はマラソンの練習と同じ練習を繰り返していました。インターバルトレーニングで速く走るスピード練習。そして15～20㎞のロングのペース走と組み合わせ。つまり走ってばかりいたのです。これらが間違っているとはいいません。しかし私に欠けているのは馬返以降のスピードハイク。坂道を歩く時間をなるべく短縮する事だと思ったのです。歩くスピードをガクンと落ち込ませない事が全体のペースを底上げします。実際、今までの富士山登山や試走も佐藤小屋以降の後半は立ち止まって休む事が増えて牛歩のごとく進むようになり、タイムロスがかさむ結果となっていたのです。

さらに思い掛けなかったのが、試走後に上腕二頭筋、つまり腕の力こぶが筋肉痛になった事でした。岩を登る時に上半身をずいぶんと使ったと思われます。それらを鑑みて練習メニューを組み立てました。

●トレッドミル

都内では、長時間登り続けるような坂道はなかなか存在しません。山に行けばぞんぶんに登れますが、下らなくてはいけません。富士登山競走には下りの局面はないので下る時間も練習も無駄と思いました。そして山に行く往復時間も勿体ないと思い、近所のジムにあるトレッドミルで代用しました。

斜度15％の設定にして30分×3～4回。最初は時速5㎞でもキツかったのですが、徐々に慣れて時速6㎞で歩き、時速7㎞で走れるようになりました。特に重要視したのは早歩きです。前傾姿勢ですが腰が前屈みにならないように上体はなるべく反って視線は水平からやや上を見るようにします。斜度15％だと膝押し歩き（パワーウォーク）をするほどには勾配がなくて前屈みになり過ぎます。腰に手をあてるのはハセツネのようなロングコースで全身疲労が起きた時には有利ですが、富士登山競走は短期決戦ですので腕はちゃんと振ります。特に肘から先を後ろに素早く振る事でリズ

ムを意識しました。

●クロストレーナー

富士山の七合目以降の岩場ですが、手を使わず足だけでバランスを取りながらテンポよく登った方が速いです。しかし他の選手を抜かす時などでベストなルートを取れない場合、またここぞという踏ん張りどころでは岩や鎖や杭などを掴んで身体を引き上げる状況になります。クロストレーナーは足を動かすと共に腕を動かすマシン。ジムの傍らにあって、それまでやった事がありませんでした。トレッドミルが混んでいた時にやって

みたら、腕を引くように動かす感覚が富士山の岩場を四つん這いになって登っている状況に意外にも似ていたので練習に取り入れました。

●4kgの重さのダンベルを持っての腕振り50回

同じく上腕二頭筋のパワーアップを図りました。アームカールという筋トレ種目です。

●近所の公園の石垣の上をバランスを取りながら歩く

富士山の岩場は手を使って登ると安定感があり疲労も分散されますが、ペースは遅くなります。一方で足だけで岩の頂点をトントンと歩けるようになるとかなりペースが上がります。勾配のある長さ40mほどの石垣がちょうど近所の公園にあったのでバランストレーニングの一環としてやりました。石垣渡りをやっていると楽しそうに見えるのか、子供たちが寄ってきて一緒にやり始めるので50代半ばのおじさんは少し気恥ずかしかったです。

●近くの高層ビルの階段を登る

最近は東京タワーやあべのハルカスなど超高層

ビルを使った階段登りの大会がよく開催されています。水平移動距離はほぼ０mなのに垂直方向にだけ登り続けるという潔さ。私も近くで登れるビルを探して階段練習をしました。50階×２~３回。１段抜かしや２段抜かしも織り交ぜました。これらも登りのみで、下りはエレベーターを使用しました。

●仕上げ段階ではプチ富士登山競走にトライ！

・最初に舗装路を15㎞ほど走ってから高層ビル階段を50階×２回
・アップダウンのある公園の土道を20㎞走った後に岩場でバランスウォーキング
・最初に舗装路を15㎞ほど走ってからトレッドミル斜度15％で60分歩き

これらを富士登山競走の２日前までやり続けました。毎日、かなり追い込んだ練習ができました。付け焼刃で組んだメニューですが、幸いにしてとても効果があったと思っています。走力はわかりませんが、少なくとも早歩き力はずいぶん上がりました。そして坂や階段を上がり続ける事によって心肺能力もついたと思います。そしてついに２０１７年７月28日の本番の日を迎えました。

■選ばれし者の恍惚と不安。そして富士山へ

富士登山競走２０１７年は第70回記念大会です。毎年７月の第４金曜日に行われるこの大会、そうです、平日にお休みを取ってまで気合いの入った脚力自慢の強者が全国から集まってくるのです。この１年を富士登山競走に向けてトレーニングしてきた選手も数多くいます。それくらい熱い闘い、そして日本一「下らない（下りがない）」大会です！

移動疲れを考えて前泊する人も多いですが、私はめぼしい宿が取れず、当日は午前３時に東京をクルマで出発。コンビニ等に寄りつつ午前５時あたりに富士吉田市役所に到着しました。軽くストレッチと動き作りのドリルを組み合わせてウォーミングアップ。市役所裏の駐車場に通じる狭い通路を５～６回往復しました。早朝は寒いくらいで、「このまま涼しいままのスタートになってくれたらいいいな」と思いました。軽く汗ばんできたあたりで服を脱ぎ荷物に詰めて預けます。五合目まで大会のトラックで運んでもらう事になっているのでありがたい限りです。過酷なトレーニングのせいか左踵が微妙に痛みますが、それも気のせいと思い込み、考えないようにしました。やる事はやってきた、結果はついてくると腹を括りました。整列するためにてくてくと歩いていると、色黒のひときわ野太い足を持った選手と目が合いました。「うわ～、この選手は鍛え上げられたいい足を持っているなぁ」と二度見しましたが、あとで大会写真を見たら、優勝した実業団コモディイイ

ダ所属の五郎谷俊選手でした。過去の大会も鏑木《かぶらき》毅《つよし》選手や松本大《だい》選手、宮原徹選手など世界レベルのランナーが目白押し、すごい大会です。名物の「頂上行くぞ〜！全員で頂上行くぞ〜！今日のビールはうまいぞ〜！エイエイオー！」という富士五湖消防本部の宮下さんの掛け声に気合が入ります。

スタート前の「山頂の気温8度、天気晴れ、無風」のアナウンスにホッとしました。スタート時の気温は25度。7月下旬といえば、東京はすでに猛暑の時期。体感的にはひんやりとする感じでもありました。暑さに弱い私には朗報です。標高が1000m上がるごとに気温は約6度下がります。この涼しさで馬返まで行ければその後は標高が上がり暑さは感じなくなるはず。八合目以降に陽射しが強かったら念のためと思って用意した帽子とサングラスは悩んだ末に着用しませんでした。少しでも軽量化につとめます。

■ついに富士登山競走の山頂コースの号砲が鳴った！

午前7時に号砲でスタート。一斉に2391名のランナーが標高差3000mの富士山頂を目指して飛び出します。月江寺《げっこうじ》入口の交差点まではほとんど平坦ですが、とにかく皆さん突っ込みます。私も最初はランナーの流れに乗ろうとしましたが、抜かしたい奴は抜かせというスタンスにすぐさま作戦変更しました。無理には飛ばしません。

月江寺入口交差点を左折すると勾配2・7％ほどの坂道になります。そこまでの勾配ではないですが、ずっしりと自分の体重を感じます。中曽根の交差点から金鳥居の下をくぐり富士山駅を右手に仰ぎます。なだらかではあるにしても、ずっと坂道を登り続けるというのはキツいです。スタートしてから2・5㎞地点にある上宿の交差点左折まで、心臓や肺への急激な負荷に身体が慣れておらずけっこう苦しく、早くも気持ちが折れかかりました。身体もすごく熱くなってきました。しかし一緒に走っているランナーも彼方に消え去っていくわけではなく、そんなに

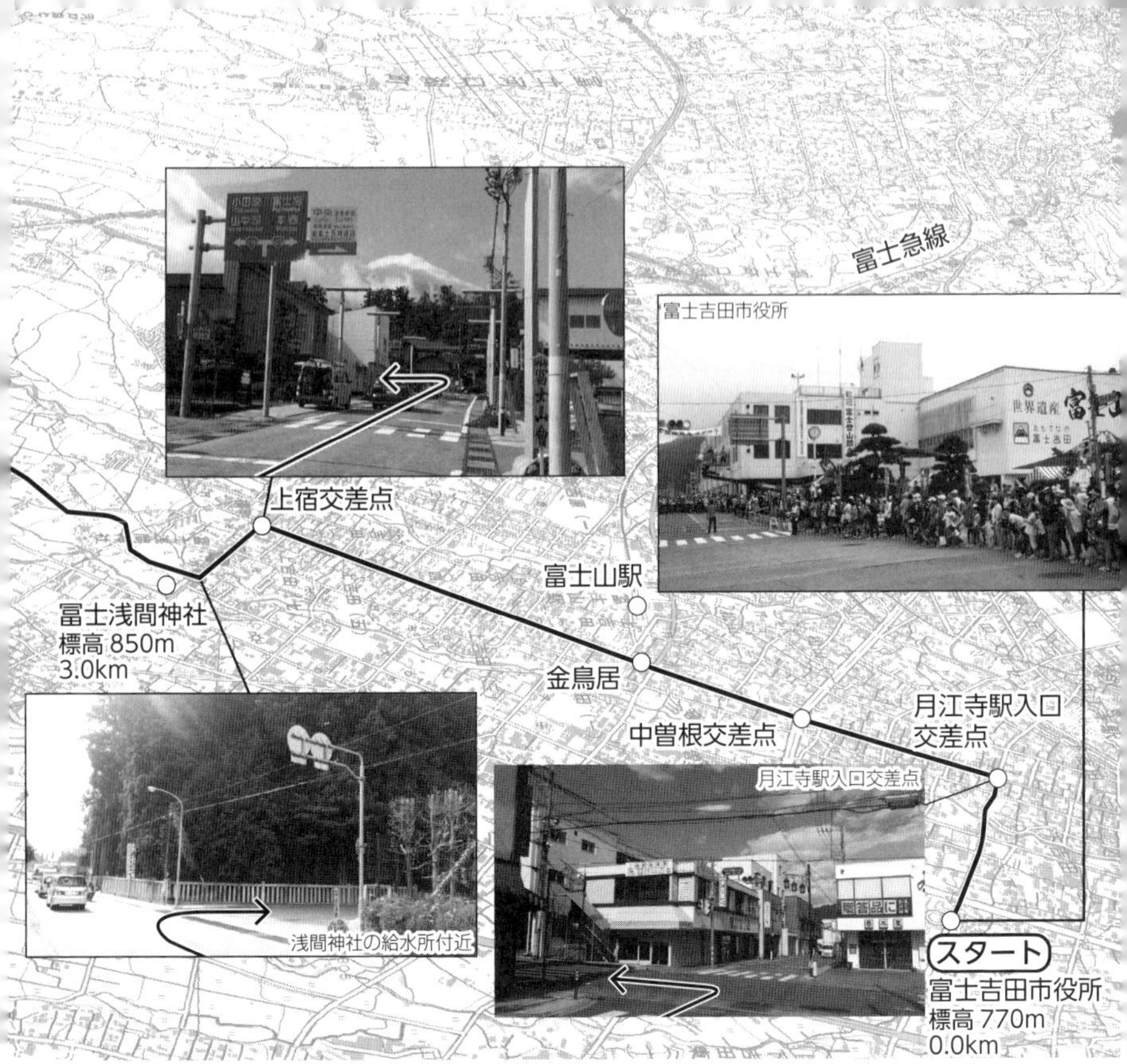

離されていかない事に気づきます。なんだ、大体同じペースじゃないか、あわてずにこのまま周りの流れに乗っていけばよいと思いました。

　北口本宮冨士浅間神社の右折するところに給水所が設けられており、前のランナーが次々に頭から水を掛けてもらっていました。私も頭がカッカするほど熱かったので水かぶりをお願いしました。しかし結果、全身に掛かってビショビショの状態に！シューズま

で浸水。「うわっ」と思いましたがしょうがない。重量を下げるべくランシャツやランパンを絞りながら走ります。浅間神社からはさらに坂道の勾配が上がります。なんたって日本一下らないレースなんだからしょうがない。自己責任でスタートしたからにはもう頂上のゴールまで最長で4時間30分、ゼーハー坂道を登り続けるしかありません！

の世との境を示す「遊境」

■馬返まで延々と続く坂道で奇妙な感覚に襲われる

中の茶屋までの道のりは2車線道路でほぼまっすぐ。道幅もあります。周りは高い木々に囲まれて割と自分のペースを確保した走りができます。しかしずっと苦しい状態で走り続けているので、首からぶら下げた行程表を入れたカードケースも見る余裕がなく、細かく書きとめていた東富士五湖道路の立体交差や富士北麓公園のT字路の通過時間なんて、全く確認もできない状況でした。ところが不思議な感覚に陥ります。ずっと坂道を上がっているのに身体が慣れてきたのです。そして周りの人をパスし始めました。途中で「これはいつもの近所のスポーツジムのトレッドミルを走っているんだ」と気持ちを切り替えたのです。練習で行ったトレーニングは15%の傾斜。馬返までの傾斜は7%ほど。通っているジムのトレッドミルの傾斜の方が2倍キツいのです。

そう、ここはいつも通っている都内のスポーツジム。マンガ家は妄想が得意です。周りに選手がいっぱい走ってるし、樹海がひろがり「熊に注意」なんて看板もあるけれど、ここはトレッドミルの上(笑)。そう考えたらあまり坂を感じなくなったのです。15%のトレッドミルに比べ

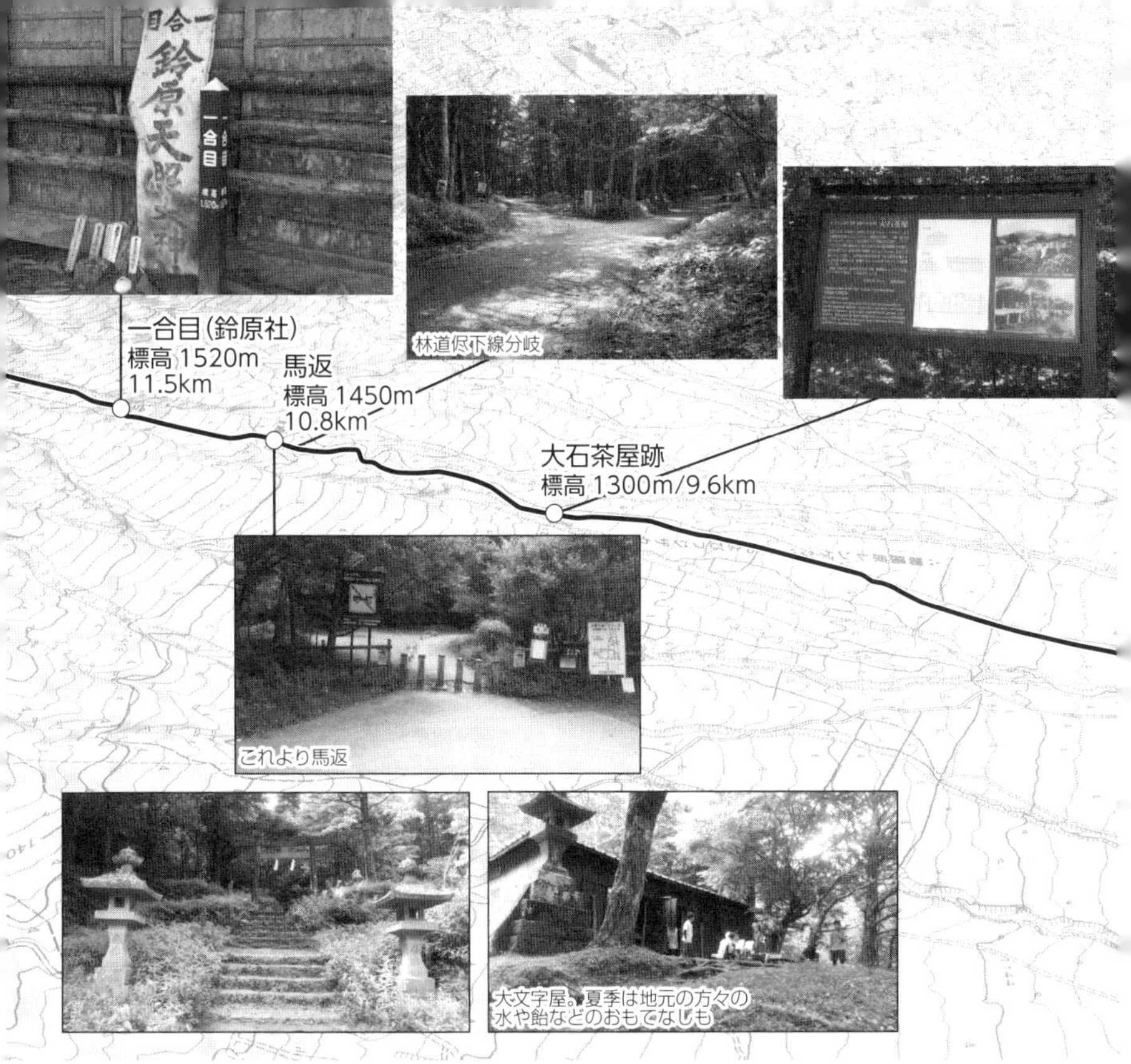

ると、少し下っている感覚すらしました。たぶんゾーンというものに入っていたんだと思います。遠くにボーーッと人が走っている風景がうっすら見えていて、周りの声も音も聞こえない感じ。中の茶屋以降は路面もかなり荒れてきて勾配も12・5%まで上がったけれど、馬返までは人の流れに乗っていたためかエセ最終コーナー地獄も短く感じました。大会本番の時はこういうパワーをいつも感じます。

富士山の使いとされる猿の像

馬返通過7時59分53秒（00：59：53）。

馬返では予定より5分早い。試走よりなんと15分早い、上出来です。しかしいいのでしょうか、こんなに突っ込んで。馬返でも給水と水かぶりがあったので「頭だけお願いします！」と言ってまた水かぶりをいただきました。飲料は一切持ってこなくて正解です。富士登山でふんだんに水を飲めるのはこんなにありがたいものなんだと実感しました。

■トレイル区間は試走より混雑しているがために足が温存？

馬返からはトレイルに入りましたが、土道、石畳、木段など状況に合わせて歩きも含めて流れについていくようにしました。腸腰筋を意識してスッ、スッと上に足をリズムよく振り出します。試走の時は「歩くまい！」とゆっくりでも走っていましたが、かなり足を使ってしまって、それが七合目以降の失速に繋がった印象でした。傾斜が急だと走ってもストライドが出せず、かえって歩きの方が歩幅を稼げる場合があります。それはトレッドミルでも実験済みでした。

本番では落とし穴やハードルなど障害物もあり道も狭いために前のランナーに合

わせて歩く時は歩きました。それが足の温存に繋がったのかもしれません。ただ、流れにハマッてしまうと気がつかないままに遅いペースから抜け出せなくなるので「前に行ける！」と思った瞬間にスッとランナーを抜く事を繰り返します。全体的にコースが短く感じました。

　佐藤小屋下の舗装路（滝沢林道）に出てダッシュ。Uの字に曲がってまた右折してトレイルに。滝沢林道の終点にすぐ出るので、ま

①滝沢林道に出て右折

②右に登山道入口

③滝沢林道終点を突っ切る

④登山道を上がると佐藤小屋

たトレイルを登ると佐藤小屋があります。

五合目佐藤小屋（標高２２３０ｍ／15㎞地点）関門通過打ち切り時刻9時15分のところ、1時間51分59秒経過の8時52分に通過。佐藤小屋前では本戦ではパンやバナナなどの給食もあります。補給はじゅうぶんです。

佐藤小屋から安全指導センターまでの渋滞を恐れていましたが、そこまでなっていません。なんとか避けられたようです。試走よりなんと28分も早く通過です。ここから六合目までがコース上で一番道が狭く、人の流れに合わせて後れを取らない事だけを考えてついていきます。試走の時は佐藤小屋を通過したあたりでもう息も絶え絶え、身体もへとへとになっていました。五合目からは残りは6㎞。ここからはずっと歩こうと思っていました。しかし試走の時にはもう走れなかったのに、今回はまだ余力もあり、走って登っていける事に自分で驚きました。そして試走の時に感じた頭がボーッとして痛くなったりも、心臓のバクバク感も高山病の症状もありませんでした。ゆえに高い集中力を保てました。

富士登山競走では、試走はよほど遠方ではない限り、やっておいた方がよいと思います。気温の変化や高地順応という観点から見ても、3000m級の山に登って自分の身体がどうなるかを知っておくべきです。富士山はそれくらい巨大な独立峰です。私は試走したおかげで距離のイメージも湧き、身体が高所環境にも馴れたと思います。後で調べると、試走の時よりずいぶんと心拍数も上がっていました。酸素の薄い高所に慣れて換気量がアップして追い込める身体になっていました。そして試走の経験を練習にずいぶんと活かす事ができました。

佐藤小屋

佐藤小屋の先を左折

■行ける！今日は富士山のテッペンまで必ず行く

視界が一気に開けて六合目にある安全指導センター（標高2380m／16㎞地点）の後ろに富士山が大きく全貌を現します。遥か彼方に頂上が見えます。

応援ポイントで人も多く、給水と配布していたエナジージェルを飲み干します。
六合目から石段を登ると雲海荘穴小屋の跡があり、その後は細かい砂礫のつづら折りの道が続きます。前半部分は道の一番縁に近い石垣の上が歩きやすいです。スポーツジムでやったトレッドミルをイメージします。ここからはほぼ歩き。とにかく腸腰筋を意識。足はまだリズムよく上がります。試走の時は段差で足を一歩一歩上げるのに苦労しましたが、それはありません。

花小屋【給水所】（標高2700m／17㎞地点）手前から、通称「ゴジラの背中」と呼ばれる溶岩帯の険しい岩場が出現します。勾配も途端に険しくなるので岩場のあいだに断続的に山小屋が建てられて、登山客が外に設置してある長椅子で休憩や食事ができるようになっています。しかし富士登山競走の時には座って休憩する場所ではありません。貴重な走れる平坦部分でタイムアップのポイントです。塵も積もれば山となる。小屋と小屋、岩場の位置を把握してリズミカルに登っていく事が大切です。不意をついて岩場が現れると「うわ〜」と嫌な気分になりますが、気構

えができていると「ようし、来た来た!」となるから不思議です。意外に岩場は楽な感じがしました。「よし、花小屋クリア、お次は日の出館だな!」試走の時に小屋の位置、岩場が出てくる位置、なくなる位置など把握していたおかげです。とにかく手に引っ掛かるものは鉄の杭や岩などなんでも掴んで身体を上に1㎜でも押し上げるようにしました。そのぶん足を温存できたと思います。そしてクロストレーナーなどで行った上半

七合目手前からゴジラの背中のような岩場が出現

身の筋トレが活きました。
　八合目以降は八合目、本八合目、八合五勺とか紛らわしく距離感も掴めないどころか「一体どこまで続くんですか？」と気持ちもげんなりするので、山小屋をランドマークとして捉えてクリアする事にしていました。トモエ館、鎌岩館、太子館、蓬莱館と山小屋を次々にクリアします。
　ゴジラの背中で手を使いよじ登っていると、点々と赤いものが落ちているのに気がつきました。血です。慌てて上を見ると数人前のランナーが頭から出血しているようで、しきりにおでこのあたりを拭っていました。コケて岩にぶつけたのでしょうか。それでも彼は前進を止めません。流血なんてクソくらえ！本当に富士登山競走はガチランナーの集う大会だなと思いました。

■八合目の関門、富士山ホテルはどこに？そして霧の先にあるものは？

　蓬莱館に到達すると岩場がなくなります。またジグザグのなだらかな火山灰の砂礫ロードが延々と続きます。しかし六合目の時より大きな石がゴロゴロしています。棒のようになってきた足をもがくように前に出すだけ。腸腰筋の意識だけは切らさないようにして黙々と登ります。

白雲荘、烏《え》帽《ぼ》子《し》岩《いわ》神社の鳥居がある元《がん》祖《そ》室《むろ》を通過して「この二つ上下に並んでいる山小屋のレイアウトは!!」と思ったら富士山ホテル（標高3400m／18・8km地点）でした。第一と第二に分かれて建っていて、八合目関門は階段上の第二側にあります。10時19分40秒（03：19：40）に無事通過です。

youtubeで午前11時の八合目関門通過ができずに残念がるランナーを見て自分もそうなるだろうとマイナスイメージ満載でしたが、幸運にも最終関門を突破できたのです。この時点で泣きそうになりました。しかも通過予想タイム

の3時間50分に対して3時間20分と30分早いのです。これがアドレナリン出まくりの火事場の馬鹿力というものなのでしょうか。トレーニングの成果が出ているのでしょうか。とはいえ足は疲労しきっています。富士山ホテルのすぐ上に本八合目のトモエ館があります。本八合目からはまさに胸突八丁の登り坂。空気も薄く、呼吸の苦しさもピークなのに斜度は頂上に向かってどんどん増していきます。もう登山客※はへばっていたる所にリュックを下ろしてしゃがみ込んでしまっています。それを尻目に富士登山競走の選手らは荒い呼吸で山頂をひたすら目指し続けます。山小屋前の平坦路を走る時も「走ろう！」と思って駆け出しますが、全然足が上がらない。お尻の筋肉も重く、あまり速く走れなくなってきました。よろめく事も何度か。「足が重い〜！」とボヤく私に隣を走っていた選手が「あと頂上までもうちょっとだ!!」と鼓舞します。

最後の山小屋、御来光館【給水所】（標高3450m／20km地点）を過ぎると、次のランドマークは九合目の鳥居。

もう小屋がないので見通しがよくなり、はるか上の彼方に鳥居が小さく見えます。

しかし気持ちを切らさず、

※登山客…富士登山競走は登山道をコース貸し切りで行われるのではなく、普通の登山客と一緒に登る。一部コース誘導がある。

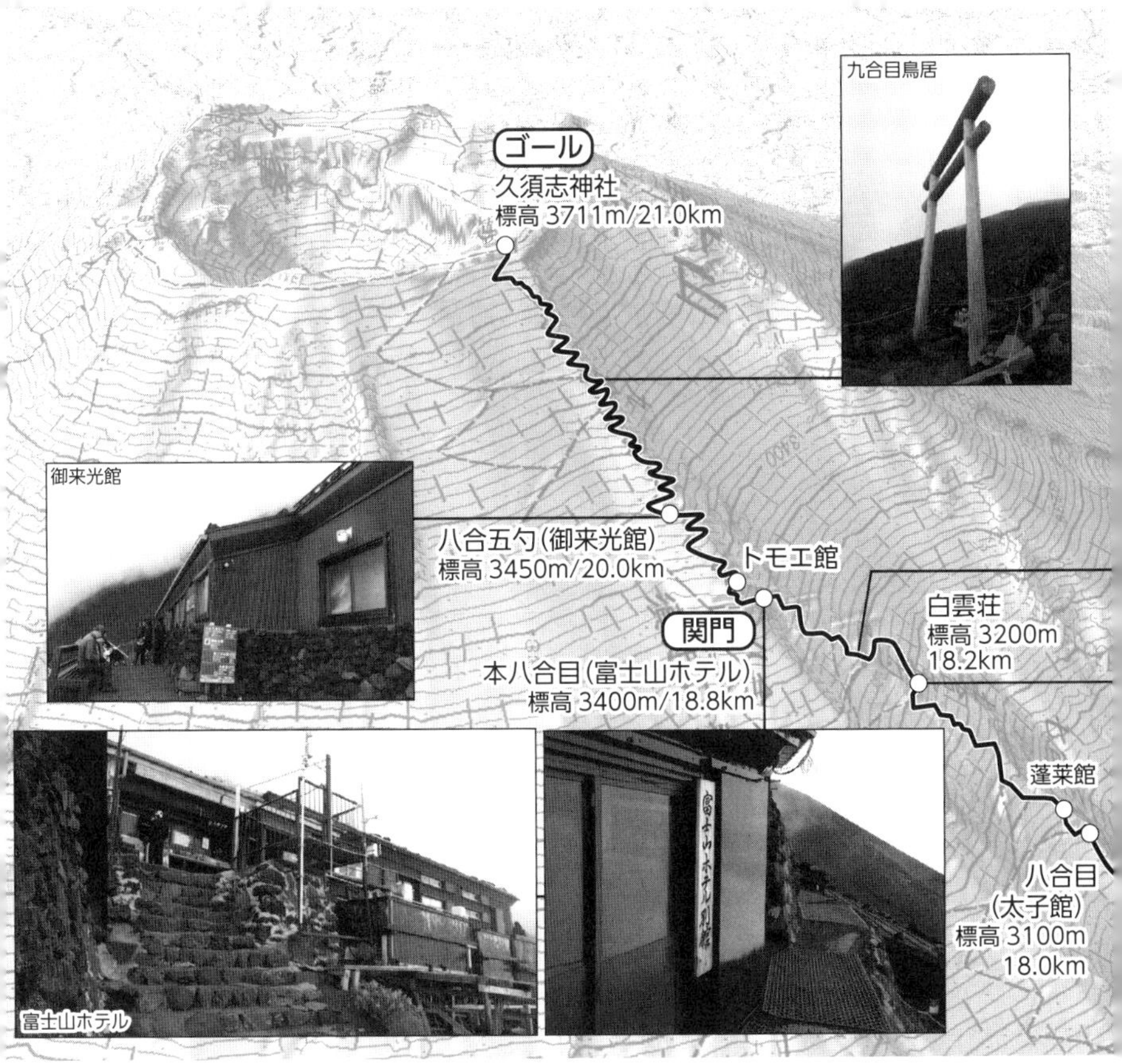

とにかく淡々と足を運べば必ずたどり着くんだと自分に言い聞かせます。重くなった身体を無理やり動かしてつづら折りの急坂を登るとようやく鳥居に近づくと小銭がちょっと気持ち悪く刺さりまくってます。そして鳥居をくぐると、何回かつづら折りを登りきれば頂上はもうすぐです！

　鳥居からの岩場はもう四つん這いでガンガン登っていきました。とにかく抜けるスペースを探して無我夢中。

蓬莱館以降はつづら折りの砂礫道が再び

九合目の鳥居が小さく見える

九合目の鳥居は小銭でいっぱい

九合目鳥居以降は再び岩場が現れる

「あと30ｍ!!」と頂上手前の最終コーナーで叫ぶ応援の女性。「もうちょっとあるでしょ……」と思いつつも、乗せられて鳥居を目指して走り始めますが、すぐに足が上がらなくなって歩き出します。そして最後の鳥居をくぐって階段を折り返して富士山頂の久須志神社前に到達！(標高3711ｍ／21㎞地点)。感動のゴールです！ゴール時刻10時48分57秒（3：48：57）。なんとゴールを想定していた関門ギリギリの時刻から40分以上早くゴールできました。そして少しだけプレッシャーから解放されて泣けました。

■制限時間前の地獄絵図に恐怖する

頂上は次々にゴールする多くのランナーで賑わっていました。給水を取り、余韻に浸りつつ無事ゴールしたラン友さんと熱い抱擁。そしてゴール前に移動して声援を送っていましたが、霧が立ち込めて陽射しもなくなり、

富士山頂上
浅間大社奥宮

山頂直下の鳥居

折り返すと富士登山競走ゴール

頂上に続く最後の道

汗冷えした身体が震え出しました。富士山頂上は夏でも残雪がある極寒の地なのです。頂上にもう少しいたかったですが、しばし休憩の後に下山開始。下山道は登山道と150mほど離れて並行してあります。しかし目に飛び込んできた光景は富士登山競走の厳しさを物語っていました。

　頂上付近から「残り制限時間10分！」とアナウンスが流れます。しかし本八合目、九合目からは狭い登山道に多くの選手が渋滞して詰まったまま。山頂は手に届くほどに間近に見えるのに、なかなか近づかない。悲痛とも怒号ともとれる阿鼻叫喚の地獄絵図。下山の選手たちは圧倒されてそれを見守っています。誰かが「ああ、あの中に入っていなくてよかった……」とつぶやきました。「残り制限時間5分！」との声に、急ぎたいけど、前にたくさんの選手がいて、でもとにかく登りたい、という叫び声がこだましています。そして今年の富士登山競走終了のカウントダウンが頂上から聞こえました。「10！9！8！7……3、2、1!!終了～!!」。この1年に賭けた選手たちの無念の叫びが富士山にこだましました。もうその場の思念エネルギーっていうんでしょうか、圧が本当にすごかったです。「無事ゴールできてよかった……」という思いより、ゴールできなかった選手たちを思うと素直には喜べません。気を取り直して下り始めました

第70回富士登山競走山頂コース　2017年7月28日

馬返	**59分53秒**	
五合目	**1時間51分59秒**	**（区間タイム52分06秒）**
八合目	**3時間19分40秒**	**（区間タイム1時間27分41秒）**
ゴール	**3時間48分57秒**	**（区間タイム29分17秒）**

天気　富士吉田市　晴れ　最高気温29.7℃　最低気温19.6℃
富士山頂　曇り　最高気温8.9℃　最低気温3.5℃

男子　優勝　五郎谷俊　02:31:34
2位　加藤　聡
3位　江本英卓
女子　優勝　吉住友里　03:01:17
2位　小川ミーナ
3位　大石由美子

男子　出走者　2256名　完走者　1159名　完走率　51.37％
女子　出走者　135名　完走者　50名　完走率　37.04％
合計　出走者　2391名　完走者1209名　完走率50.56％

が、いったん気持ちが切れたから、下山道が長いし寒い。うんざりしました。しかもシューズが砂礫に埋まり、どんどん細かい火山灰が侵入して足の指を圧迫します。何度かシューズを脱いで砂を出す作業を繰り返しました。

富士スバルライン五合目に向かう途中にビニールに入れた自分の荷物が届いていました。それをピックアップして合流した知り合いのランナーたちとお互いの健闘を称えあいながら一緒にシャトルバスに乗りました。表彰式の行われる富士北麓公園の駐車場でバスを降りると朝のひんやりした空気はどこにいったのかと驚くほど地上は暑くなっていました。

■富士登山競走当日の服装・装備

・ウェア：上はTHE NORTH FACEのドライアップタンク
　　　　　下はTHE NORTH FACEのフライウェイトレーシングベリーショート
・防寒具：モンベルEXライトウインドパーカ（頂上から下り六合目付近まで使用）
・ソックス：ダイソー
・グローブ：ダイソー

夏ですが、手袋を使用しました。試走の際にザラザラとした溶岩を掴む時に痛かったので、クッションになると考えました。結果、怪我も恐れず、ガンガン岩場に手をつけたのでビンゴでした。ソックス、グローブとも100均にしたのは細かい砂礫が入り込むと洗ってもなかなか落ちないので使い捨てと考えたためです。頂上に無事ゴールした時に見たら手袋はボロボロに破けていました。火山礫恐るべしです。

・シューズ：アシックス・ターサージール5

富士山は登りではそうでもないのですが、とにかく下山時のシューズの損傷が激しいのです。細かいガラスの繊維状の砂礫は通気を優先したランニングシューズの中に容易に侵入して堆積、結果何度も洗っても細かい砂が残ります。アウトソールも尖った石が突き刺さり、削れてガスガスになります。ゆえに使い古したシューズで登ってそのまま廃棄するという選手も多いのです。しかし、走力のある選手はまだしも関門通過ギリギリの可能性大の私にはそんな余裕は考えられませんでした。七合目以降は岩登りなので軽ければどんなシューズを履いても同じかもしれませんが、馬返までは舗装路で反発があるシューズの方が有利です。同じ理由でトレイルでのグリップに特化したトレイルランニングのシューズを使うのもやめました。まだ新品同様のターサージールでしたが反発が全然違うので、今回のレースに奢りました。

・GPSウォッチ：ガーミン FOREATHLETE620
・補給食：ショッツ１本

八合目以降は給水のみなので、お守り代わりにエナジージェルを一つだけ携帯していました。

■そして戦いは続く

所属するランニングクラブの塾長が言っていましたが、記録が飛躍的に上がる時は非常識な練習が故障もせずにできてしまう。まさにその結果となりました。登りの練習のみに特化したおかげで着地衝撃を抑えられて故障を誘発しなかったという理由も大きいでしょう。限られた時間を一日も無駄にせず、あらゆる角度からアプローチしての早歩き、そして走りの登坂力が飛躍的に向上した結果でした。結局、私は富士山に何度も登る馬鹿になりそうです。もちろん今度はちゃんと五合目コースから挑戦して。

ランナーズアップデートでゴールを確認したのか編集さんからメールが入っていました。
「なんだ、関門アウトじゃなかったんですね。おめでとうございます」
ムカッ！まるでタイガーマスクにおける虎の穴のミスターXみたいな立ち位置！（わからない人ごめんなさい）
負けられない戦いはまだ続きます。

第2章写真協力：teruimash

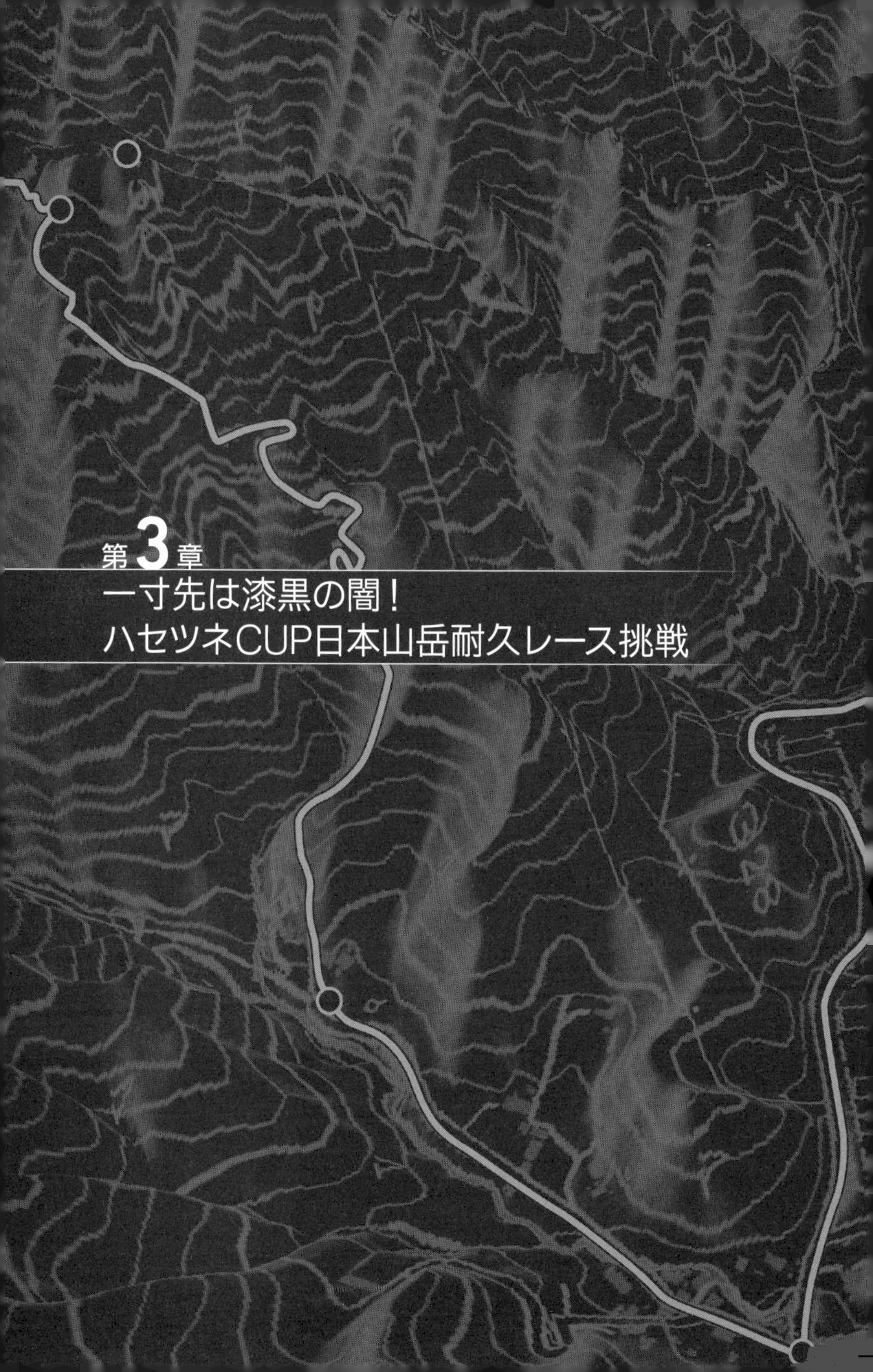

第3章
一寸先は漆黒の闇！
ハセツネCUP日本山岳耐久レース挑戦

■一寸先は漆黒の闇　ハセツネCUPへと向かう道

日本のトレイルランニングのレースのパイオニアとして知られる日本山岳耐久レース、通称ハセツネCUPは2017年で第25回を数える伝統ある大会です。参加者も2500人近く。日本最大規模、そして最高峰のトレイルランニング大会の一つとして数える事に異論を唱える人は誰一人としていないでしょう。全日本トレイルランニングチャンピオンを決めるといえるこのレース、注目度もバツグンで毎年プロアマ問わず有名なトレイルランナーが大挙して参加します。

普通のマラソン大会を走っている人間からすると、ハセツネCUPでまず驚くのが夜を走るという事でしょう。13時スタートのために、走っている時間の大半が夜通し走るナイトトレイルになります。山の日没は早いです。うっそうとした奥多摩の森は15時を過ぎるともう山の斜面に陽射しがさえぎられ、暗くなりだします。平地のフルマラソンの距離42・195kmをはるかに超える71・5km※という途方もない距離。累積標高差4582mの平均傾斜は6・4%であり、国際的なトレイルレースでもっとも過酷なカテゴリーに相当するコース難易度です。巻頭の折り返しにあるコースマップを見てもらえるとわかると思いますが、武蔵五日市の市街から登り基調で奥多摩深部に入っていき、三頭山《みとうさん》、御前山《ごぜんやま》、そ

※71.5km…本書における距離の表記は公式サイトに準じます。

して大岳山《おおだけさん》という奥多摩三山と呼ばれる三大ボスをクリアして武蔵五日市に戻ってくるという周回路コースです。

１９９３年に開催された第1回から10年ほどは、まだ普通のリュックサックにハイカットの登山靴という参加者も数多く見られましたが、２００２年以降、トレイルランニングという名前を広めた石川弘樹選手や横山峰弘選手、鏑木毅選手らの参戦もあり、ハセツネＣＵＰは雑誌でも多く取り上げられるようになっていきます。そしてそれが壮絶なスピード時代の幕開けとなります。参加者の増加とともに陸上競技界からの参加が増えて、タイムもどんどん短縮されていき、8時間が当たり前、7時間台へ突入と、ハセツネは高速レースへと進化の一途をたどる事になります。男性のコース記録は7：01：13（上田瑠偉《るい》、２０１４年）、女性のコース記録は8：54：07（櫻井教実、２００８年）。平均的な登山者のペースで約5日半（実質行動時間45時間）掛かるコースを参加選手は制限時間24時間で走破しなくてはなりません。

■ハセツネCUPの甘い誘惑

ハセツネＣＵＰを知ったのはもうずいぶん前です。トレイルランニングの黎明期だった頃に読んだ雑誌か何かだったと思いますが、日本最高峰の山岳マラソン大会と紹介されていたのです。

「真夜中を走る山の中のマラソン……」

なんともすごいカテゴリーがあるもんだな～と感銘したと同時に、膝の前十字靭帯の古傷もあり、中高年にさしかかりバランス能力も衰えて、強度の近視と乱視で暗がりでものを見る能力が低い私には決して立ち入ってはならぬ領域だと思いました。

　しかし一方で、毎年秋に開催されるハセツネＣＵＰの情報を雑誌やネットで興味深く読んでは、誰が優勝するかワクワクしたり、闇夜を切り裂くようにヘッドライトを照らして走る自分を想像していたのだから笑ってしまいます。ハセツネのコースなんて一度も行った事がなかったのに、月夜見《つきよみ》第二駐車場や醍醐丸《だいごまる》、浅間峠《せんげんとうげ》、笹尾根《ささおね》なんて言葉は知っていて憧れの存在だったのです。何の因果か突如、実業之日本社の編集さんから設定された２０１７年、魔の三連戦の第二戦としてハセツネＣＵＰに参戦する事になりました。24時間制限なので３ヶ所ある関門通過は富士登山競走より緩やか。転倒による大怪我などがない限り、関門アウトという結果は避けられそうです。しかし編集さんからは「１秒でも早いゴールを」というプレッシャーを掛けられ続けています。走るからには結果を出さねばなりませんが、ゴールは15～16時間後の翌日早朝あたりが私の実力からいって妥当な線だと思いました。富士登山競走との違いは距離、そして夜と下りの局面がある事です。山の登りはマラソン力である程度カバーできますが、下りのスピードはテクニックの差が出ます。経験値の低さや夜目が利かない私には不安材料満載でした。

■ハセツネ30Kに挑戦す

２０１７年4月2日、私は秋川渓谷リバーティオに設営された第9回ハセツネ30Kのスタートゲートに並んでいました。秋に行われるハセツネCUP日本山岳耐久レース本戦の前哨戦としてハセツネ30Kに参加する事にしたのです。前章で7月28日の富士登山競走への挑戦を書きましたが、時系列では4月なのでこのハセツネ30Kの方が先となります。

ハセツネ30Kは日本山岳耐久レースの入門レースとしてトレイルランニングの普及発展のために生まれた大会で、２０１７年で第9回を数えます。入門レースゆえに明るい昼間に行われます。そして山岳保険加入義務づけ、行動食や水1・5ℓ以上の携帯などバックパックの中身をチェックされる所持品検査があります。大会規約には必要装備品として「登山用レインウェア（上下とも防水性素材のもの。ウィンドブレーカー等は不可）」とあり、今まで不所持で違反した選手が失格となった例もあります。

１０００番以内でゴールに入れば秋の本戦に出走する優先権をGETできます。まだこの時点では編集さんと大会事務局のやり取りはスムーズではなく、秋の本戦出場は不確定要素でした。ゆえに、できれば自ら力でGETしようと思ったのです。そしてトレイルの大会の雰囲気も味わってみたい気持ちもありました。上田瑠偉選手や奥宮俊祐選手など雑誌に載っている有名選手もたくさん見かけました。そしてロードのマラソン界から参戦の吉田香織選手も存在が目立っていました。入門レースにしては豪華な選手陣です。

本来ハセツネ30Kは本来32㎞の距離を走る大会ですが、2017年のハセツネ30Kは前日に降り積もった雪と林道の崩落により、入山峠《いりやまとうげ》以降の部分がショートカットになり17㎞のレースに短縮される旨の発表が急遽、大会事務局からありました。

実はこの決定に私はホッとしていました。仕事が忙しかったために、ハセツネ30Kのコースの試走も行けておらず、というか山道を走るのも1年ぶりで全くの準備不足。そもそも山の経験値も低い私には、ロード部分が増えるほど有利に働くであろうと思いました。ハセツネ30Kの前半、入山峠までの林道12㎞が舗装路、その後はシングルトラックの登山道がほとんどで、容易に抜く事はできません。入山峠までに順位を確定してしまえばこっちのもの。そう考えてトレランシューズではなく軽量マラソンシューズであるアディダス匠RENを投入です。

号砲と共にスタート。当然、作戦は前半を飛ばして入るというもの。ところが当たり前ですが、それは誰もが考える事。いきなり選手たちのものすごいスタートダッシュ合戦に

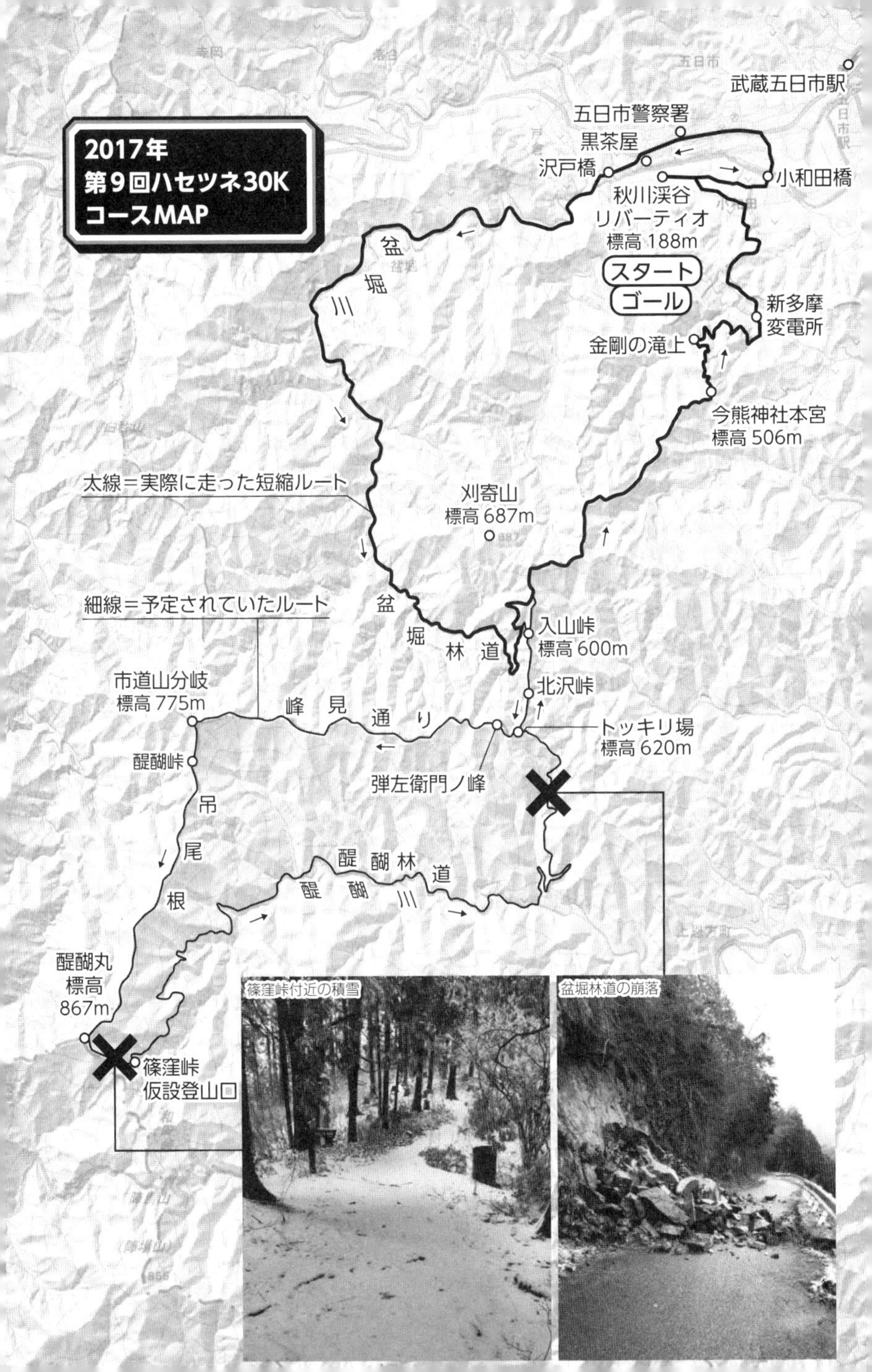

篠窪峠付近の積雪
盆堀林道の崩落

ハセツネ30Kスタートの号砲が鳴った！

なりました。特に最初は少し下るので完全なスピードレースです。「マジ？こんなスピードで走るんですか？」と不安になりました。スタート序盤はキロ4分を切るスピードで周りの流れに乗りましたが、檜原街道のパイロン規制の狭い車道コースに苦しめられ、沢戸橋を渡ってからの盆堀《ぼんぼり》林道の登りはこれでもかという勾配でキツく、呼吸も荒く何度も気持ちが折れかかりました。やはり試走をしておらず、どこを走っているかもわからないと、入山

トップ集団の壮絶な先頭争い

遅れるとトレイルに入る手前で大渋滞

峠まで果たしてこのペースのまま走って行けるのか不安になりました。しかし一緒に走っている選手たちと励まし合いながらペースを何とか持ちこたえて入山峠入口まで到着。少し列はできかかっていましたが、ほぼ渋滞なしに山に入れました。

残りは5㎞、それも下り主体です。トレイルランニングに慣れた選手は途端に息を吹き返すがごとく坂道をバランスよく駆け下っていきます。私はというと濡れてスリッピーな路面にビビリながらのよたよた走りに終始。道がどっちだかわからない部分もあり、待機している係員やカメラマンの方に聞きながらおっかなびっくり走行です。とはいえここまでにロードランナーの意地とばかりに突っ込んだマージンはあるとは思い、安全第一で走りました。

今熊山《いまくまさん》に到達してから新多摩変電所の横を走ります。「おお、でかい！ここがあの変電所の風景なのか！」とハセツネコースを今、自分が走っている事（逆走ですが）を噛み締めました。そこからゴールまではアッと言う間。「え、もうゴールなの？」とゴール前のダッシュもできずに終わってしまいました。後半の山の部分の失速という課題が残りました。

1000番以内には入れて、無事ハセツネ本戦の参加権をひぃこらGETしましたが、355位（50代23位）とは何とも微妙な順位です。ゴールした時にたくさんの選手となだれ込んだので何となく感じていたのですが、あと3分頑張って時間を縮めてゴールできていれば200番台でした。たった3分、されど3分。一番感じたのはトレイルの大会の場合、コースをよく知る事が大切なんだという事です。「まだなの？まだ着かないの？」という漠然としたイメージではまず気持ちが先にバテます。コースを知っていれば、少なくとも10分は短縮できたでしょう。トレイルランニング自体は景色を楽しんだりするのも一興です

第9回ハセツネ30K　2017年4月2日（17㎞に短縮）
ゴール　1時間37分41秒　総合順位355位

男子	優勝	上田瑠偉	1:05:59
	2位	市川創史	
	3位	小林誠治	
女子	優勝	吉田香織	1:16:02
	2位	望月千幸	
	3位	高村貴子	

出走者　1661名
完走者　1659名
完走率　99.88％

が、とにかくスピードを競う大会の場合は1秒でも無駄にしてはいけないんだと肝に銘じました。

入門レースという割に、大会として選手レベルもすごく高かったと思いました。驚いたのは私とほぼ同じ時間にゴールした選手でワラーチ※を履いていたランナーがいた事です。私はヌチャヌチャな登山道でふくらはぎの泥はねもひどくシューズも汚れ放題だったのですが、ゴール後に彼の足には泥が全くついていなかったのです、奥深い！

今回の大きな反省点は山の走りそのものを完全に忘れてしまっていて、かつ前日の降雪で濡れた下り主体の登山道でビビッてしまった事。そしてトレイルの距離も短かったのでスピードレースとなり、あわててしまい最後まで納得できる山の走り方ができなかった事でした。1年以上、山に行っていないとこうも情けない走りになるのだなと実感しました。研鑽を重ねなくてはいけません。

■初めての試走でハセツネ記念碑に感動

というわけで、まずはハセツネCUPのコースを知る事が第一と考えて試走に取り組む事にしました。日本山岳耐久レースのコースは71・5㎞。そのほとんどは東京都のあきる野市と檜原村《ひのはらむら》の奥深い山の中にあり、私の住む都心からは容易に行く事ができません。タ

※ワラーチ…メキシコの山岳民族ララムリが履いているサンダル。BORN TO RUNという本で紹介されて有名になった。

イミングよくハセツネ出場経験があるランナーに先導してもらえる試走会に参加する事ができました。6月の梅雨の時期でした。

ＪＲ武蔵五日市駅から西東京バスに乗り上川乗《かみかわのり》のバス停で下車。ハセツネコース初めての試走は浅間峠《せんげんとうげ》から武蔵五日市までの雨がちな50㎞でした。さらりと50㎞と書いていますが、長くても平坦な舗装路のフルマラソンしか走った事がない私にとってはいきなりの最長距離になります。しかも濡れた悪路です。さらに登山口からコースタイムにして1時間20分のキツいつづら折りの山道をハァハァいいながら登り続けないと、コースにもアプローチできません。その時点でややうんざりしてましたが、ようやく第一関門である浅間峠に到着して、「あ、ここの東屋《あずまや》の配置！登り坂を駆け上がっていく選手たちをyoutubeで見た事がある！」とテンションが上がりました。コースに入って走り出す……と思いきや、先導するランナーさんはひたすら歩きます。この方、海外の100マイルレースもこなす強者でこの試走前日にもフルマラソンの距離を走ってきたすごい人。「あれ？やっぱり前日の疲れなのかな……」と最初は腑に落ちなかったのですが、途中からようやくその訳がわかってきました。

それまで、トレイルランニングというくらいだから、登りも走れるところは走って当然、とばかり考えていた私は目のうろこが落ちる思いでした。コースタイムありき。彼はハセツネのコースを時間で区切ってペース配分を考えていたのです。登りや下りでペースは変わります。マラソンのように一定ではありません。休憩も含めて綿密に計算された世界でした。驚いた事に試走ゴールの五日市会館到着の時間まで設定されていて、結果5分ほどしかズレませんでした。さすが経験者の走りは勉強になります。彼はちょっとした登りでも歩き出すのです。その代わり平坦路と下り坂はこれでもかっというほどガンガンに飛ばします。まるでジェットコースター。もちろん先導してくれているので後続のランナーに配慮はしてくれているのだろうとは思いますが、とにかく下りが速い。そのメリハリがすごいのです。

三頭山から鞘口《さやぐち》峠、御前山から大《おお》ダワへの下りはかなりテクニカルで段差も大きく、着地衝撃も大きいので、自分一人で走ったのなら、かなり用心深く下りると思いましたが、鍛え上げられた彼の野太い足は少々の段差にはびくともしません。どんどんスピードが増していきます。

とはいえども、後ろから走って観察すると、下り方にもコツがある事を感じました。大きな段差がある場合、登山道の縁部分を上手く利用するのです。これは以前トレイルレースで常に上位入賞する選手の後ろで箱根を走った時にも同じライン取りをしていました。接地時間が短いので意外に滑らず、着地衝撃も斜めなので弱い。そして前方に跳んで着地

ハセツネCUPコース上の長尾平にある記念碑

せずに、なるべく真下に着地する。実は地味に丁寧に着地する事で足への累積消耗度がかなり変わる事に気づきました。もうちょっと登りでも走りたいな……とも思いましたが、やはり試走初日はこれでよかったと思います。

あとで自分で試走に行くようになると、このペース配分が理解できるようになりました。登りに頑張り過ぎると筋肉に疲労物質が溜まり、その後に続く平坦、または下りで速く走れなくなります。結果的に全体のアベレージスピードが落ちてしまうのです。

初心者ほど意気込んで、最初のアプローチの登山道で勢いよく走り出してしまい、ハセツネのコースに着いた時には疲れてしまってスピードが出せない、といった事がよくあります。

それまで地図上でしか見た事がなかった笹尾根を走り、槇《まき》寄山《よせやま》や笛吹峠《うずしきとうげ》などの道標をみるたびに「ああ、今あのハセツネのコースを走っているんだな……」と感動しました。

ハセツネCUPは、世界に名を馳せたアルピニストとしてヨーロッパアルプス三大北壁冬季単独初登攀《とうはん》や南米アコンカグア南壁冬季単独初登攀など数々の記録を達成した長谷川恒男さんの業績を讃え、大会の象徴として名前を冠につけられています。彼自身は1991年にカラコルム山脈で雪崩に巻き込まれ遭難死しています。43年の鮮烈な生涯でした。

コース終盤、第三関門地点にあたる御岳山《みたけさん》近くの長尾平にその長谷川恒男さんの記念碑があります。そのレリーフには「登攀の前には、葛藤がある。なぜ悩むのか。それは行動を起こすことによって『肉体』が滅びることを『精神』が恐れるからだ。『精神』とは、ヒトが人間であることを示す最後の砦なのだ。」とあります。

登山家の長谷川恒男氏

長谷川恒男さんの名前が、登山よりもトレイルランニングという競技で有名になった事を、彼は天国で不思議がっているかもしれません。私もハセツネCUP本戦で自分の限界への挑戦と無事に帰ってくる事をレリーフの前で誓いました。

ハセツネCUPの最後のハイライトであ

第1回の試走からナイトトレイルは経験できたが……

る金比羅《こんぴら》尾根《おね》の10㎞に及ぶ下りに備えて日の出山山頂でヘッドライトを点灯したのですが、とても見えやすく、また前にしっかりと先導してくれるベテランランナーがいたので楽でした。おかげでペース配分もバッチリ、余力を残して第1回の試走を終えました。「なんだ、ナイトトレイルって意外と楽。全然見えるし怖くない。これなら昼間と同じスピードで走れる。金比羅尾根を下りてもそこまで疲れてないし」。

　この印象が後にすごい後悔を生む事になります。

■2回目の試走は最終バスと追いかけっこ

　2回目の試走は平日に一人で行きました。集団で走ると楽しいし、いざという時に安心なのですが、コースを熟知した先頭ランナーの後についていくだけではコースや地形が覚えられないと思いました。コースはハセツネCUP前半。またもや雨。武蔵五日市駅から出発してコース一番奥の三頭山まで行き38㎞地点の鞘口峠で下山、都民の森から西東京バスにて武蔵五日市に戻る計画です。ところが地図を持っていてもコースでわかりづらい箇所も多くあり、かなりもたついた試走になってしまいました。てくてくとハセツネの登山コース入口の広徳寺までは行けたものの、そこからのトレイルは「こっちかな?あっちかな?」という展開。先導してくれる人がいないとこうも違うのか。広徳寺から新多摩変電所、そして今熊山に向かう麓近くはまだ民家も近く近隣住民の生活道路にもなっているので登山道も細かい分岐がたくさんあり、かなり迷ってしまいました。ハセツネコースには黄色と赤の杭が打ってあるのですが小さいので、走っていると視認しにくい上に雑草の陰に隠れてしまっている場合もあります。トッキリ場の手前ではハセツネ杭を通り過ぎてしまい、関場バス停方面にかなり走ってしまいました。試走される方は要注意ポイントです。

　市道山《いちみちやま》を過ぎると徐々に山も奥深くなり、分岐も減って淡々と走る展開になりました。アプローチで手こずったおかげでずいぶん時間をロス、浅間峠に着いた時にはスタートから5時間半経っていました。ここからは前回に行ったルートと被るので安心……と思いきや、かなり足が疲弊している事に気づきました。第1回の試走と違い、登りでも走れそうなところは構わず走ったのと道に迷ってしまい、焦って走って戻ったりを繰り返したためでしょうか。

　そのため本番でも使うかもしれないと用意してきたストック

ハセツネコースを示す木の杭は雑草の陰に隠れてしまう事も

を使用しました。前回はまだ浅間峠が初っ端だったので楽々と走れた気がするのですが、疲れているとそこからの距離がすごく長く感じました。景色も変わり映えせず、ハセツネの距離を思い知らされました。浅間峠より先はあまり道標がなくなり、シングルトラックが延々と続きます。土俵岳から丸山のまき道、そして笛吹峠。やや広い小高い丘のようになって道が不明瞭なところは夜になるとかなり道がわかりにくいのではないだろうかと思いました。

ようやく西原峠《さいばらとうげ》に到着。15時手前。そこで西東京バスの最終バスが気になりだしました。鞘口峠を下りてからの都民の森バス停。武蔵五日市駅までバスで戻るのも1時間15分掛かります。ビバークの用意もなく水も補給食も日帰りの設定です。最終バスに乗り遅れたらと思うとゾッとしました。調べてみると16時45分が最終です。まぁ、大丈夫かな。

「西原峠から三頭山ってすぐだったよね」と思い、進もうと決めました。ところが間が悪い事に充電をし忘れてきたガーミンのＧＰＳウォッチが唐突にＬＯＷ表示になり終了。スマホもバッテリーがガクンと落ちて一ケタ台に陥りました。奥多摩の気に障られたのでしょうか。そして西原峠から意外と近くに三頭山はあったという記憶が完全に間違えてて、それは槇寄山《まきよせやま》でした。これも先導ランナーにずっとついていった弊害です。「マジか……」愕然として三頭山避難小屋での一泊も、ふと頭をよぎりました。そこからかなり長く走って三頭山手前の超キツい登りをゼーヒューゼーヒューと呼吸しながら半分べそをかいて登頂。武蔵五日市からずっと32km以上走ってきてからの三頭山の登りは、浅間峠出発の第1回の試走の感覚の何倍もキツかったです（当たり前）。

さて三頭山から下ってから鞘口峠までは登山のコースタイムでは40分とあります。そこから都民の森バス停までが20分。計60分ですが、下りを走るんだからもっと時間は短縮されるはずです。これこそトレイルランナーの脚力の見せ所！……と思いきや、あまりペースが上がりません。雨続きで前回よりさらに滑りやすく、バンバンと駆け下れません。路面コンディションによってずいぶんとコースの雰囲気が変わる事に気づきました。あと先導者もいない事によって、足の置き場に迷いが生じ、ペースが作れなかった事も大きいと思います。鞘口峠を右折して猛ダッシュで下り、森林館を過ぎたあたりで16時45分。万事休す！と思われましたが、バス停を出発してゲートに向かうバスに手を振って追いかけて停めてもらい、ギリッギリで乗る事ができました。この経験でずいぶんと周到にコース計画を立てて時間管理をするようにもなりました。

西原峠は霧がかった幻想の世界

■ハセツネCUPに向けての街中でのリュックトレーニング

それから数回の試走を重ねました。試走は大まかに言うと、早朝から
①武蔵五日市→三頭山〜鞘口峠まで走る。都民の森からバスで武蔵五日市に戻る
②武蔵五日市→都民の森をバス。鞘口峠〜武蔵五日市に走って戻る
の2パターンでした。①より②の方が下り基調で楽なので、西原峠あたりから入ってもいいと思います。住む場所によって武蔵五日市の到着時刻が変わるし、走るペースによってもさらに分割した方がいいケースもあると思います。

ハセツネCUPでよく話題にのぼる、飲料をどのくらい持っていくかですが、試走のたびに気温や天気の影響を受けました。第一関門の浅間峠までに水を飲み干してしまいリタイアする選手もたくさんいるくらいですから本番前に気をつけなくてはいけない重要ポイントの一つです。

試走を繰り返したおかげでハセツネのコース自体は登山道を見渡して地形を確認すると「大体このあたりを走っているな」とある程度見当がつくようになりました。しかし後述しますがこれが大きな錯覚である事がわかります。また初回の試走でヘッドライトを点けての金比羅尾根の走りのイメージがよかったために、以降に夜の試走を一切しませんでした。夜の山奥での一人の試走は危険だという不安もあり行かなかったのです……。

試走を繰り返してみてわかったのは、コースはある程度理解できて、下りにも慣れてきましたが、走力はあまり向上しなかったという事です。やはり大切なのは日々の練習だと思います。私は都心に住んでおり、近くに山はないので普段の練習はジムと近隣の公園などを使用しました。基本は富士登山競走の時の練習と一緒でしたが、さらに強度を上げました。富士登山競走で成果を上げたトレッドミルの歩きと走りは、時間を長くして斜度15％で20分×6〜8回を繰り返しました。富士登山競走が終わるまで封印していた下りのトレーニングも始めました。富士登山競走では手ぶらでしたが、ハセツネは自分でドリンクなど荷物を背負います。その負荷に耐えるために7kgのお米を詰めたリュックを用意しました。それで高層ビルの階段を上り下り、また日々のジョグもリュックを背負って走ってみました。しかし背負わなくなった時にランニングが楽になるかな？と期待していたのですが、走力が上がる事はなかったので意外でした。

では何が上がったのか。重たいリュックと試走で効果があったと感じられたのは、脚筋力と回復力です。足は目に見えて太くなり、着地衝撃に耐えられるようになりました。試走の次の日でもあまり筋肉痛にならないようになりました。その代わり、失ったものも感じました。スピードです。バーチカル方向のトレーニングに特化したためにインターバルなど平地のスピード持久力系の練習を控えました。これは後々のつくばマラソンでのサブスリー挑戦に影響を与える事になりました。

そしてハセツネＣＵＰのゴールはやはり15〜16時間後の早朝が妥当な線だと思って行程表を作りました。日の出山で朝日が昇るのを見て、そして金比羅尾根を朝焼けとともに駆け下ってゴールする自分を想像してワクワクしました。

■いざ！日本山岳耐久レースの決戦へ

２０１７年10月８日。ついにハセツネＣＵＰ日本山岳耐久レース本番の日を迎えました。すでにＪＲ五日市線は選手と思われる乗客で満員です。日本山岳耐久レースに出場の選手として武蔵五日市駅に降り立つだけで胸が高まります。駅からスタート会場となる五日市会館と五日市中学校までは徒歩で10分ほど。陽射しは強く、湿度も高め。会場ではシューズやバックパックなどメーカーのブースも立ち並び、人でごった返していました。

優勝候補筆頭の上田瑠偉選手をはじめ望月将悟、山田琢也、小川壮太、小野雅弘各選手など国際級のトレイルランナーが顔を揃えてインタビューを受けていました。強豪の東徹、大瀬和文、川崎雄哉、荒木宏太、近藤敬仁各選手、韓国のレジェンド沈在徳《シン・ジェドク》選手、そして応援なのか百名山ひと筆書きの田中陽希さんの顔もありました。やはりハセツネはトレイルランナー注目度バツグンの、オールスター夢の競演の舞台なんだなと身が引き締まる思

ハセツネCUPスタート地点の五日市中学校の校庭は選手でいっぱい

いです。

スタートまではまだ時間があったので軽くウォーミングアップをしようと思いました。しかし意外だったのは、ほとんどの人間がアップを行っていない事でした。これから71・5㎞も走るので、やっても疲れるだけという事でしょうか。しかしやるスペースも見当たらないので、校舎の裏手にある駐車場で短い流しを繰り返しました。その後に開会式をやる校庭に行ったのですが、目の前の光景を見て愕然としました。ハセツネの出場者は自分の完走タイムを予想して10時間以内、11時間以内、12時間以内などの列の前に並ぶというスタート方法をとっています。結局アップなんかするより列に並んで早くスタートした方が有利。

ララムリ族のロレーナ選手の恰好にびっくり

誰もが同じ考えだったようで、すでにものすごい人数が並んでいました。それにしても校庭は太陽を遮るものはなく、強烈な陽射しが照りつけています。10月上旬ですがすごく暑く、「これはタフなレースになるだろうな」と感じました。よって飲み物は背中にハイドレーションに薄めたスポーツドリンクを1・5ℓ、胸のポケットにソフトフラスク500ccを2本、計2・5ℓを持って臨む事にしました。

今回テレビの取材が入り、世界一走る民族と異名をとるメキシコの先住民のララムリ族が来日してハセツネに参戦すると聞いていました。しかし開会式で挨拶で壇上に上がったララムリのマラソン女王であるマリア・ロレーナ・ラミレスさんの恰好を見てビックリ仰天。足元が見えないほどのひらひらのロングドレスの民族衣装と、街中で歩くのも薄いほどのサンダルといういでたちだったのです。そんな恰好なのにストックの刺さったリュックを背負っているのでこのまま走るようです。テレビ映えを狙った制作側の意図もうっすらと感じましたが、とにかく無事完走してほしいと思いました。

■凄まじいスタートダッシュでハセツネの幕は開けた！

13時！スタートの合図と共にドッと選手たちがすごい勢いで走り出します。広徳寺まではアップダウンがある舗装路が1・2㎞ほど続きます。スーパーストアいなげや五日市店先の上町交差点を左折してからの下り坂からの小和田橋は着地衝撃もかなり来ますが、足を緩める事はできません、というのも広徳寺を左折してからの登りから砂利道に入り、スタートしてまだ1㎞ちょっとなのに一人ずつしか通れない細いシングルトラックになり、そこに2500人近くが殺到するのです。どうなるかおわかりですよね。広徳寺先の渋滞回避のためにある程度のスピードで突っ込まなくてはいけないと考えました。ハセツネ30Kと同じくかなり足を使ってでも有利な位置を確保する作戦です。

しかし広徳寺の先のトレイルに入るとやはり断続的に渋滞しました。通常、このパートは渋滞回避のためにシングルトラックの道を2本使うのですが、今回は二つに分かれる道のうち一つに蜂の巣があって使用できなかったそうで、大渋滞になったようです。シングルトラックは、ほぼ前方の選手を抜けません。流れのままにランナーの後ろについていくしかないのです。足に余力を溜めつつ次のダッシュに備えます。里山のようななだらかなトレイルから、新多摩変電所に近づくにつれ道幅は広くなり、そこから今熊神社下社あたりまで舗装路になり、1・5㎞ほど続きます。ここも重要な追い抜き区間です。足を使ってしまいますが、その先の入山峠の渋滞回避にはなるべく前に出る必要があります。変電

広徳寺前のトップ集団

広徳寺
今熊山
標高 506m
今熊神社本宮下
4.24km
今熊神社下社
標高 482m
新多摩変電所
標高 257m
今熊神社下社

刈寄山・市道山方面へ

今熊神社本宮下より武蔵五日市の街を望む

所でララムリ族のロレーナさんをパスしましたが、彼女はひらひらのロングスカートとサンダルでサブスリーペースで悠々と走っていて唖然としました。

ネットなどでハセツネCUPの攻略法を読むと、浅間峠の第一関門まである程度セーブすると後半に足が残ると書かれている事も多いのですが、一般選手が渋滞に巻き込まれないようにするにはとにかく入山峠までは飛ばさなくてはいけないというのが現実です。ロードで限界走行を続けてきたので呼吸がずっと荒いまま。もう汗だくです。今熊神社のつづら折りの急登にはかなり苦しめられましたが淡々と登り続けます。あっと言う間に山頂近くのトイレまでたどり着き、後ろを振り向くとかなり武蔵五日市の町が見渡せるほど登ってきた事に気がつきます。

トッキリ場はわかりにくい
鉄塔下を通過
いったん舗装路に出て
すぐ登り返す

■開始早々、右足首をグギッと捻って激痛に顔が歪む

そして今熊山から刈寄山《かりよせやま》方向に向かうシングルトラックになると、先頭から100番台を走っていたためにとにかく流れが速い。流れに合わせてひぃこら走っていると、なだらかな下りで右足首をグギッと捻りました。「マジか！やっちゃった！まだ前半だというのに！」やや速度を緩めて様子を見ます。途端にドドッと抜かれます。痛みはありましたが走れないほどではありません。幸い、ひどい捻挫ではないようです。前十字靭帯にも影響はなさそう。膝の抜けも

ありません。まだスタートしてから1時間も経っていないのに、これは先が思いやられるな……と、これからの長い道のりを考えるとげんなりしました。そんなこんなで焦りながらバタバタ走っていたら「あ、もうここなの?」とばかりに入山峠に13時54分に到着です。

■レースなのに前も後ろも誰もいない?これは一体……?

スタートから7km地点にある入山峠は、ハセツネ30Kでも逆向きに林道からトレイルロードに入っていったランドマークでもあり、予備関門も設けられています。舗装路があると、「このまま行けば人の住んでいる場所にたどり着ける」という気分になりホッとします。しかし間髪いれずに細い階段を登ってトレイルに入っていきます。入山峠を過ぎたのでペースを落とすべきと思いましたが、とにかく突っ込むだけ突っ込む事にしました。その選択は半分当たっていて半分外れていました。

試走の時に間違えて関場バス停方向に突っきって行ってしまった登山道を無事に登ってトッキリ場に到着。試走でも右往左往した印象が強く、前のランナーについてテンポよく走れて助

かりました。それにしても奥多摩の山の名前は読めないし面白いですね。トッキリ場は漢字では鳥切場と書きます。本当かどうかわかりませんが、その昔、猟師たちが鳥を追い詰め、一網打尽に捕えて殺していたところだといいます。鳥たちの祟りにあわず無事にここを通過するには「トッキリ、トッキリ、トッキリヨ」と唱えるらしいのですが特にそれらを匂わせる名残りも今となってはあり

ません。謎のままで通過。

右に折れて下り市道山までの峰見通りの四段の壁に入ります。ところがこのあたりになると、突然、前にも後ろにもバラけてしまってランナーが見当たらない状況になりました。2500人近くのランナーが山に入っているはずなのにです。途端に「あれ？これでルート合ってるのかな?道間違いしてないよね」と、不安になりました。スピードを緩めては後ろを見たり景色を見渡したりする展開が何度か続きました。それでも後ろが追いついてこない。それくらい走っている選手はバラけているようでした。

結局、私はあたりの景色を全て把握していたわけではなく、大きなランドマークしか理解していなかったのです。同じような風景に戸惑い、山の経験不足がモロに出てしまったと思います。峰見通り最後の壁の手前は視界が開けてランドマークとして認識している人も多いでしょう。その手前に日本山岳耐久レースの10㎞の道標があります。そこで「ああ、ルートは合っていたんだ」とスピードを取り戻しました。

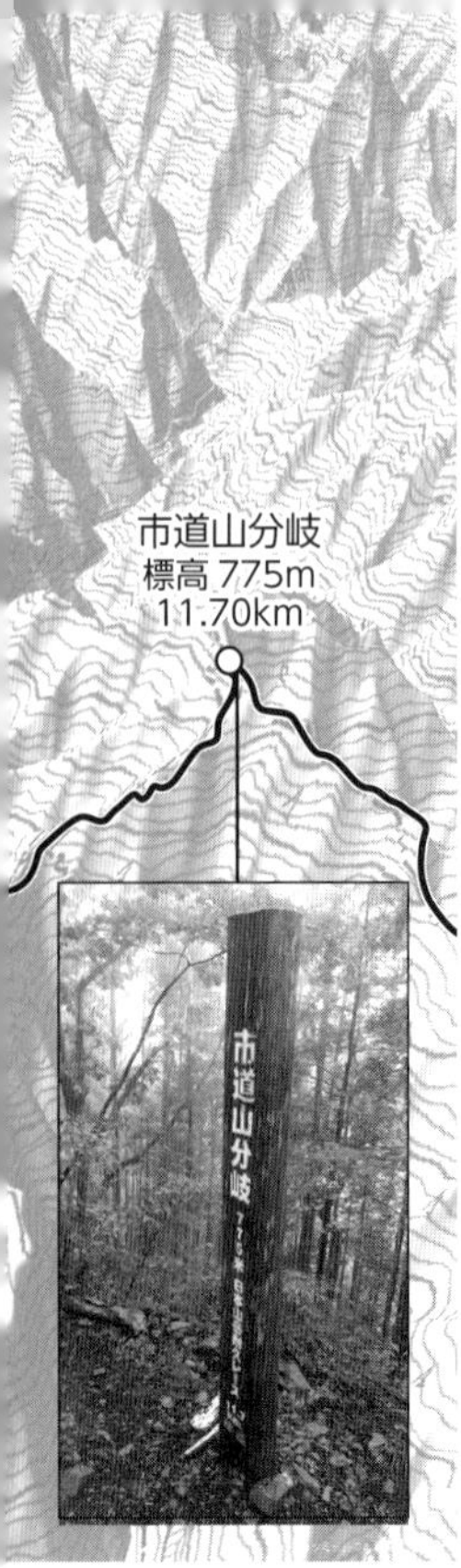

無事に市道山の分岐をほぼUターンに近い7時方向に折り返します。「日本山岳耐久レース11・7

km」の道標があります。狭いシングルトラックの下りからなだらかな吊尾根に入り、徐々に高度を上げていきます。

　ハセツネ15㎞の道標の先に高尾山口駅↓陣馬山経由でアプローチしやすい人気の応援ポイントの醍醐丸（867m／15・2㎞）があります。こちらも予備関門です。醍醐丸は八王子最高峰でもあり晴れた日にはハセツネコースの反対側にある大岳山が見晴らせます。山

頂を生藤山《しょうとうさん》・三国山《さんごくやま》の矢印に沿って右折すると有名な笹尾根縦走路の開始です。声援に応えつつ先を進みますが、この先は要注意。痩せた木段下りや岩場もある狭いトラバース※区間など危険な箇所があります。そして岩が突き出た尾根を上り下りすると藤野駅に向かう和田バス停の分岐がある山の神に到着。なにげに気になっていた地名ですが全国各地に点在しており民俗信仰の女神さまだそうです。我々ランナーからすれば、山の神といえば箱根駅伝の5区を活躍した今井正人選手や柏原竜二選手、神野大地選手のイメージが強いですよね。

徐々に上り下りを繰り返しつつ高度を上げていき連行峰《れんぎょうほう》（連行山《れんこうやま》）に取り付きます。つづら折りの登りはしんどいですがそこまで長くありません。傾斜も緩やかになってきたら、まもなく連行峰の山頂に到着です。連行峰からトレイルはなだらかになり走れる区間が続きます。少し下って生藤山をまき、木段を上がれば三国山に到着です。〝三国〟とは、東京都・神奈川県・山梨県にまたがる山という意味です。三国山からは「熊倉山・浅間峠」の道標に従い、つづら折りの木段を下ったあとは軍刀利《ぐんだり》神社の部活のしごき階段が待ち受けます。

※トラバース…谷や尾根ではなく、山の斜面を横方向に作られた道。山頂を通らず山腹をトラバースする道を「まき道」という。

濡れた平らな岩にご用心

そこをグワッと直登すると元社の鳥居があります。戦国時代に北条氏康の軍勢に破壊されるまではここに大きな社殿があったそうです。神奈川県側に下ると奥ノ院、本殿もあるパワースポットとして有名な神社だそうなのでチラ見して武蔵五日市まで無事にゴールできる事を祈りました。

「もうそろそろ第一関門だ」と思い、熊倉山の下りで勢いよく走っていたら唐突にぐちゃぐちゃの泥濘が現れ、びっくりしてズルッと滑り、尻餅をついてしまいました。「おかしいな、軍刀利神社にお祈りしたのに」と思いましたが、神社はよく考えたら日々の感謝をお伝えするものでしたね。

「50歳過ぎてもこのように健康で走る事ができてありがとうございます！」

そこから浅間峠までは割と走れる平坦区間が続くので、ペースが合ったランナーと隊列を組む形でシングルトラックをガンガンに飛ばしました。

■やたら速いペースに飲まれて浅間峠にたどり着く

そして3時間10分で第一関門の浅間峠に到着。22・6㎞（16時10分／制限時間はスタート9時間後の22時）。応援の人数も多くてホッとします。ちょっと神奈川県側に下ったところにあるトイレに、並ぶ事もなく入りました。トイレに入ったのは全行程でこの一度きり。おしっこも近いし胃腸も弱いのでトイレ問題は夜通し走るだけに不安でしたが、ゴールまで全く気になりませんでした。この点に関しては助かりました。

思っていた以上のペー

しごき階段

スで浅間峠まで走れました。しかしランナーのレベルが高いところで走っていたのでその流れに合わせようとして非常にキツかった印象です。徐々に夕方の気配が忍び寄ってきました。浅間峠からはなだらかな登り下りを繰り返し、平坦で走れる区間も多いです。尾根も広く里山のような風景が続きます。日原峠《ひばらとうげ》では小さなお地蔵さんの祠が迎えてくれます。「日本山岳耐久レース24・7㎞ポ

イント」を通過です。ついにぞくぞくするようなナイトトレイルランニングに突入です。暗さを感じましたが、電池温存のためにライトは点けませんでした。下りだと隊列を組んで走っていれば後ろをついていけばいいし、登りは歩きなのでそこまで速くなく、やや足元が暗くても前方のライトを目指していけばよかったです。

日原峠からは木の根っこが張り出したトレイルを緩やかに登ってほどなく土俵岳に到着です。頂上は防火のためにドラム缶が並んでいます。土俵岳以降も切り株が並んだようななだらかで走れるシングルトラックが続きますが、小《こ》棡《ゆずり》峠から先の丸山のまき道に入るとトラバースでかなり狭くなります。ここらへんで少しライトを点けだしました。笹尾根らしく笹が群生した道を下ると笛吹峠に到着です。この先は渋滞はまずないはずなのでマイペースで進みたいですが、そうもいきません。

実際にトレイルの大会を走ってみて、シングルトラックは追い抜く、追い抜かれるどちらの局面も大変だと痛感しました。トレイルランナーはバックパックを背負っているせいか脇を開けて走る人が多く、下手に近寄って抜こうとすると肘鉄を食らいます。後ろから来る選手も極端にレベル差があるな

らまだしも、不整地だけにすり抜ける時にぶつかる可能性が高いのです。最初は背後にランナーが近づくたびにスピードを落として道を譲っていましたが、割とそこまでスピード差もないので、追い抜かれるまでも時間が掛かって時間ロスに繋がる事がわかりました。しかも後ろに隊列を組まれてくると、抜かれるまでずっとスピードを下げていなくてはいけません。よって抜かれる事を少なくするために、こちらもペースをずっと上げていなくてはならない。立ち止まりたい気分に何度もなりました

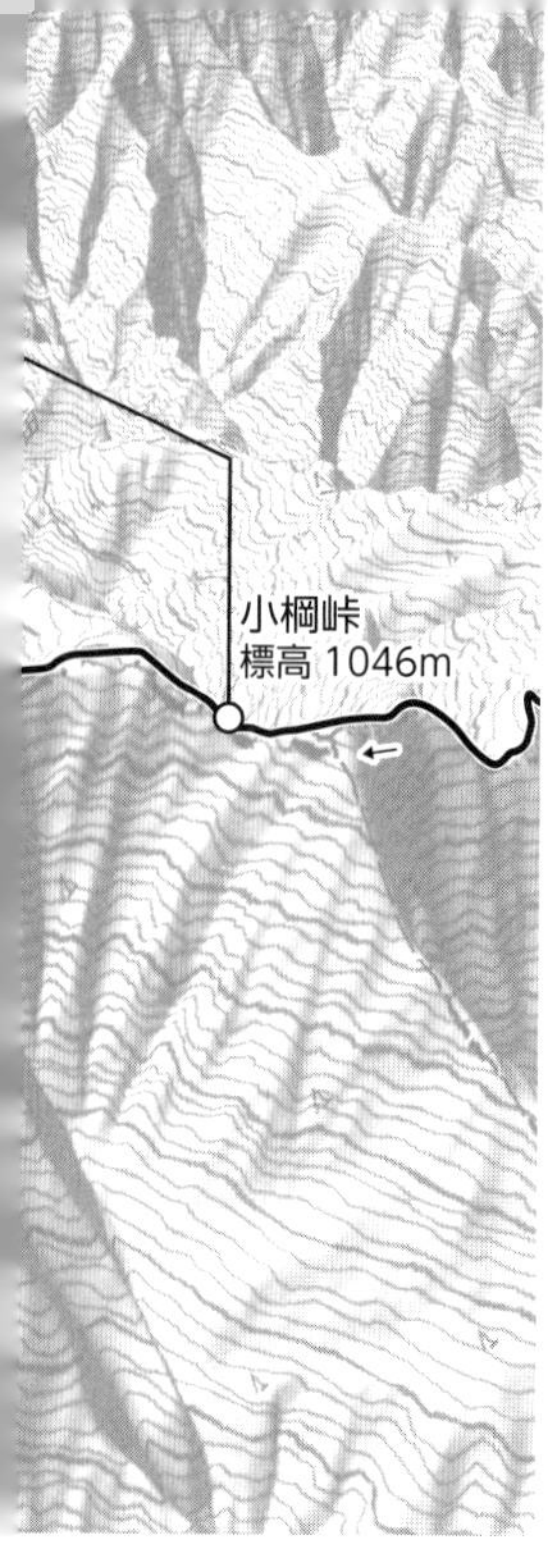

が、仕方なく突っ込んでいきました。

ずっとずっと呼吸が苦しく辛い時間が続きました。笛吹峠からも走れるトレイルが続きますが、浅間尾根登山口バス停に下る大羽根山分岐からは細いトラバース区間に入ります。割と切り立った斜面な上に、湿った部分は地盤が弱くなっていて一歩踏み抜くとズボッと下に落ちてしまうから追い抜きは要注意です。少し行くと仲の平、上平バス停、数馬の湯に下れる数馬峠に到着。ハセツネＣＵＰのコースはあまり眺望がよろしくありませんが、数馬峠では晴れた日には富士山が見渡せます。

■三頭山のキツい登りについに足が止まった

数馬峠からもやや狭いトラバース区間が続きます。木が張り出しているのでそのたびにペースを乱されますが、勾配はあまりないので飛ばせます。ほどなく西原峠に到着です。西原峠から緩いつづら折りを登ればすぐに槇寄山山頂です。槇寄山からはなだらかな尾根道が１㎞ほど続きますが、クメケタワの道標が現れたら、気合いを入れ直してください。ついにハセツネＣＵＰの最深部、三

頭山の登りが始まります。三頭山の登りがキツいといいますが、具体的にはその手前の大沢山の五段くらいある岩場の段差登りがとにかくキツいのです。いや、大沢山だけならもっと大きな山塊は日本じゅうにたくさんあります。30㎞以上を登り基調で走ってきた後の大沢山の登りは尋常じゃない。それが正しい形容でしょうか。

　さすがに走って登る人はいません。しかし疲労困憊した選手は歩きも極端に遅くなってしまうのです。いいペースの選手はそこでリズムよくポンポンと素

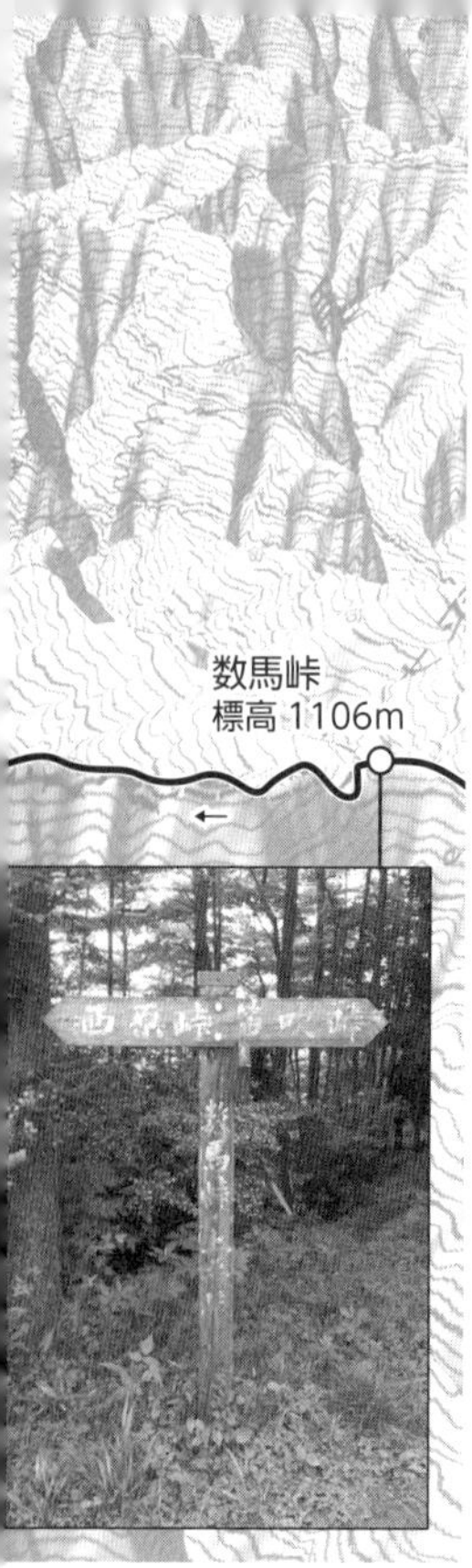

早く歩けるのです。そして平坦な場所が現れるとサッと走り出せる。登りで疲れきった選手は平坦な場所になってもなかなか走り出せないで、とぼとぼと歩いてしまいます。この差がタイムに響いてくると思いました。

ハセツネCUPはストック使用を浅間峠から認められていますが、使うなら三頭山と御前山の登りでしょう。しかし三頭山に関しては断続的に登りがあるので、しまうのも面倒くさい。そして大きな岩場もあるのでストックよりも手も使って登った方が速いと感じたので持ってきませんでした。しかしストックがない分、両腕の重さを感じます。息もゼイゼイハァハァと苦しく、心肺機能が限界を超えてついに大きな段差の手前で初めて木の枝に掴まりながら立ち止まりました。

「もう一体、いい歳こいてこんな夜中に奥多摩で何やってるんだろうな、マンガ家なんだから家でのんびり絵を描いてりゃいいのに」と自問自答しました。でもここまで来たからにはしょうがありません。精も根も尽き果てて暗闇で身動きできなくなるか、滑落してドン引きするような怪我をするか、それともあと半分36㎞を頑張って武蔵五日市の町に自分の足で戻

るしかないのです。

■ヘッドライトを点けるとあたり一面は真っ白にホワイトアウト

三頭山の登りあたりから完全にライトを点灯しましたが、それでハッキリ気づきました。ものすごく霧が出ているのです。濃霧です。ヘッドライトを点けると眼前が真っ白になってしまい、前が見えません。経験があれば黄色のフォグライトを持ってきたり、ヘッドラ

三頭山に登るにつれ、どんどん濃霧に覆われていった

イトを胸や腰の位置に下げて視界を確保する事もできたでしょうが、その時は思いつきませんでした。後の祭りです。手元のハンドライトを低位置で持ち、視線と離して照らすと何とか前が見えます。腕振りはかなり左右非対称になってしまいますが、そんな事はどうでもよくなるくらい状況はドンドンひどくなっていくのです。三頭山の登りでは試走でもメガネが曇りがちで「やたら湿気が多いところだな……」と思っていましたが、こんなに真っ白になるのは初めてです。地形的にハセツネルートは北西側すぐ近くにある奥多摩湖の水蒸気の影響を受けやすく、とくに今回は昼間にずいぶん気温が上がって暑くなってから夜に冷え込みが厳しくなったせいで、大きな寒暖差が生じて夜霧の大量発生という事態になったようです。

大沢山を抜けて少し下ったところにあるのが三頭山避難小屋。その平坦パートを走り抜けて少

し鉄道の枕木のような木段を登ると三頭山山頂に18時38分到達（36・3㎞付近）。晴れた日には7月に走った日本最高峰の富士山、そして東京都最高峰の雲取山が見晴らせます。しかしすでに山頂は真っ暗になっていました。しかしスタッフの皆さんが威勢よく「ガンバレ！ガンバレ！ナイスラン!!」と盛り立ててくれます。やっぱり声援が人間に及ぼす影響はすごいです。その勢いに押され

て山頂で休みづらく、すぐに下山を開始。そこからは鞘口峠まで段差の大きいテクニカルな下りが続きます。全く底が見えないような崖の縁をしがみつきながら通過する箇所もあります。試走の時に最終バスに乗り遅れそうになって涙目になって駆け下りたのを思い出しました。それに比べたらまだレースは12時間ほど制限に余裕があるから気楽なもんです(もちろん自分の足で武蔵五日市まで行かなくてはなりませんが)。

■八つ墓村ランナーさんに遭遇

ところがもう本当に前が霧で見えません。さらに天気予報にはなかった雨も降り始めました。昼間の陽射しに温められた地表に雨があたってさらに水蒸気を発生させます。急激に気温も下がってきました。しかし雨具も持っていないし(ハセツネ本戦はレインウェア携帯任意)、汗冷えして身体の芯まで冷えきってしまったら大変です。走って発熱して体表面温を維持しようとしますが、ペースが上がりません。「いや、これは厳しいな」と困惑しながら用心深く足元が暗い中をグチャグチャと大きな段差の階段を下ります。こんなところで滑落してヘリコプターのお世話になったりしたらたまりません。ゆっくり下りていると、後ろから黄色のフォグライトを頭と左右の肩と腰に、そしてハンドライトも含めて5灯でガンガンに照らしたランナーが駆け下りてきました。まるで八つ墓村ランナー(わからない人ごめんなさい）。「おお、明るい！」と思わず言ったら「先導しますよ〜」との頼もしい声。助かった！と後ろを追い始めました。目の前が明るいとずいぶん速く走れます。そしてライトが黄色いと、よりよく視界が見えるようです。かなりテンポよく下る事ができました。鞘口峠通過18時58分（38・0㎞）。

鞘口峠では一息ついてしまい、八つ墓村ランナーさんにはついていけませんでした。そうするともう真っ暗闇。道も見失います。夜の試走をしなかったのは大失敗でした。もう昼のコース感覚とまったく違うのです。明るいうちは人間の脳は地形を視界に立体的に捉えて大体の位置を把握できますが、夜霧が濃くなると数m先はもう闇の中。コースを平面的どころかほんの2〜3m先でしか捉える事ができず、極端にペースが落ちました。

■月夜見第二駐車場まで暗中模索状態に陥る

頼りのハセツネコースを案内する旗は小さく微妙な感じで、霧の中では見えにくかったです。赤い点滅灯は遠目にもわかりやすかったのですが、あまりにも間隔が離れ過ぎていて何もなくなる漆黒の区間が多過ぎました。道を間違える危険性が常につきまとい、不安でした。月夜見第二駐

コースを示す旗。
ムササビが可愛い

昼間ではありえない箇所でミスコースが続く

車場まで本当にわかりづらく完全に道を見失い、後続のランナーを何度も待ってしまいました。あとなぜかわかりませんが、ハセツネコースを示す旗の矢印の方向が変わってしまっている箇所もありました。私は「え?こっちだっけ?」と躊躇したのですが、後続のランナーは数人そのまま進んでいきました。私はしばし考え込んで立ち止まっていたのですが、後ろに来たランナーに確かめると「違うよ、こっちだよ」と言ってくれて、ようやく確信が持てて大声でミスコースをしたランナーらを呼び戻しました。

　何度か奥多摩周遊道路の舗装路のあたりでも、トレイルへの入口がわからずミスコースをしました。トレイルに入ったら入ったで真っ暗闇。そのうち「一体ここはどこなの?道がないじゃん」という場所も。恐る恐るあたりを見渡しますが、平坦で何も目印がありません。完全に方向も見失って彷徨いましたが、実はそこは月夜見山の山頂だったのです。昼間ではありえない場所で

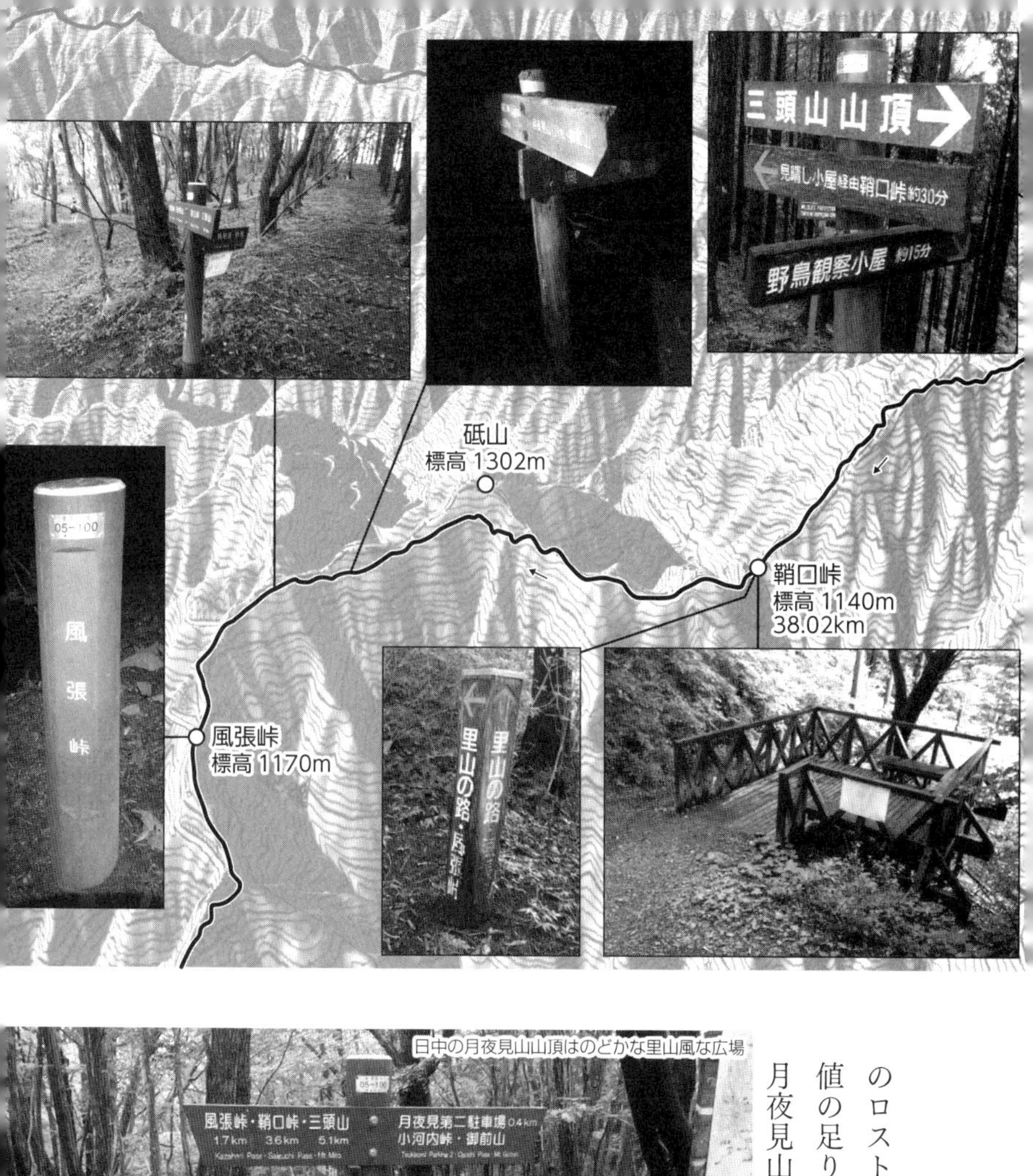

日中の月夜見山山頂はのどかな里山風な広場

のロスト。この辺も経験値の足りなさが出ました。

月夜見山の山頂は「ここ

が山頂？」って思うほど起伏のない広場で、明るいうちは全然迷うところではないのですが、暗闇で誰もいないと全くルートがわかりませんでした。

月夜見山から下ってロードに出るともう１５０ｍ先に月夜見第二駐車場があるはずです。ところが明るく照らされているはずの駐車場もぼんやり暗い。「本当に月夜見駐車場なの？」と思ってしまいました。でも実は駐車場に入ると明るかったのです。濃霧で照明が乱反射されて、すぐ近くに行かないと駐車場の位置がわかりませんでした。それくらい夜霧が深かったのです。そういう意味では昼間のうちに無理してでも走れるだけ走っておいてよかったと思いました。

■第二関門から離れるのが名残惜しくボーッと立ち尽くす

第二関門の月夜見第二駐車場42・0㎞（19時46分／制限時間はスタート15時間後の午前4時）に到達。ようやくほぼフルマラソンの距離。ずっと闇の中を走ってきたので、奥多摩周遊道路という舗装路と共に人を感じる場所に着いてホッとしました。「ああ、これがハセツネCUPの夜の月夜見第二駐車場！」まさかそこに私が立っている

なんて。それを思うと、気持ちの高揚を抑えられませんでした。

　スタート時に2・5ℓ携帯した水分にはまだ余裕がありました。少し持ち過ぎた感もありますが、なくなるよりはマシでしょう。第二関門では認められた水分を大会側から補給してもらえます。用意されているのは水かポカリスエットで、合計1・5ℓ。配分は指定する事ができます。私はポカリにしました。ここか

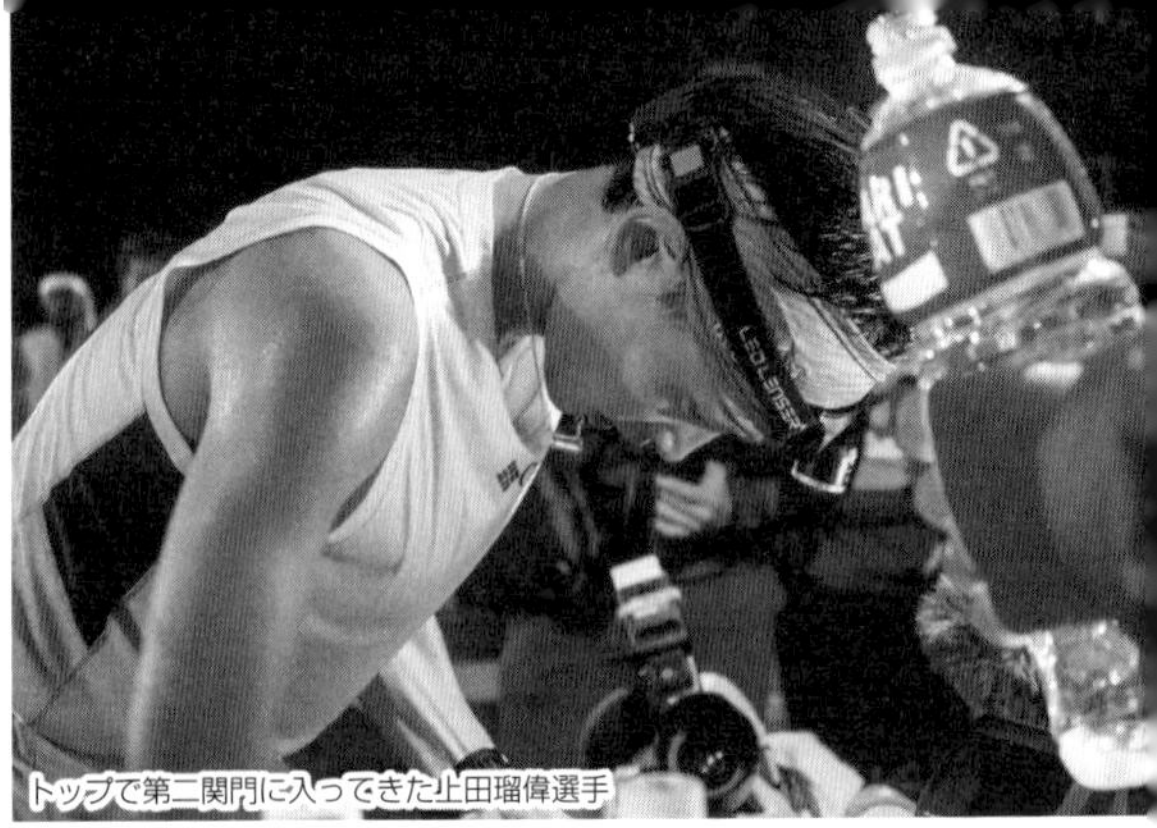

トップで第二関門に入ってきた上田瑠偉選手

らは綾広の滝手前の湧き水や御岳山の補給ポイントがあるので、飲み水には困りません。ハセツネCUPの攻略の難しさは月夜見第二駐車場までどれだけ飲料をコントロールするかだと思います。

給水は終わりました。しかしずっと漆黒の闇の登山道を走ってきたので大勢の人と照明が恋しくて、月夜見第二駐車場から離れるのが名残惜しくただボーッと立ち尽くしていました。また山の中に入るのが辛くて辛くて。まだ月夜見第二駐車場の光景を味わっていたいと思いました。ブルーシートにしゃがみ込んでいる選手も多かったのですが、もし座ったら気持ちが折れる、そう感じて立っていました。

意を決して御前山への進軍をスタート。さぁ、ここからはフルマラソン以上の距離です。試走ではハセツネコース全体を回りきった事はないので、これから私自身の肉体にどんな事が起きるかもわかりませんでした。実際、心身ともとても疲れていました。真夜中の登山道、雨、濃霧。もう不安しかありませんが、やるだけです。漆黒の闇にまた飛び込んでどんどん坂道を下っていきました。

■惣岳山の登りで頭を木にぶつけて昏倒する

第二関門を過ぎて小河内峠《おごうちとうげ》まではまき道主体で平坦区間も多く、少し走れますが、その後に三頭山に続くボスキャラ、御前山が目の前に立ちはだかります。しかし有名なのは御前山ですが、小河内峠から大きく分けると二段の壁がある印象です。まず一段目の惣岳山《そうがくさん》の、なだらかですがでっかい山塊を、つづら折りも含めて延々と登らされるのがとにかくキツいです。惣岳山の山頂に着いてしまえば、いったん下って登り返して二段目の御前山という印象です。試走の時は明るかったので、まき道や看板の位置などでおおよそ御前山のこのあたりなんだろうなと理解していたつもりなのですが、レース当日は濃霧で全く立体感がなくなりました。この辺りが一番、奥多摩湖にも近いです。視界が悪い中、なんとなくあるであろう山道を確認しながら一心不乱に登り続け、もうどの地点をどう登っているのかもわからなくなってしまいました。前も後ろも選手のライトすら見えない状況でした。疲労も極限に達して意識も朦朧としていたと思います。

そんな中、登っていると「ゴン！」と火花が散りました。もう苦しくて前屈みで登っていたら頭を倒木にしこたまぶつけました。思わずよろめきました。「そうだ、この場所には要注意ポイントがあったんだった！」実は試走の時も頭をぶつけていたのです。あれだけ気をつけなきゃと写真まで撮っていたのに……。見ると大会側で注意喚起のために赤い

点滅灯まで取りつけてありました。完全に私の注意不足。1分ほどしゃがみ込んで悶絶。自分のアホらしさに落ち込みました。血は出ませんでしたが大きなタンコブができてしまいました。ヘッドライトが壊れなくてよかったです。

■ハセツネコース脇で熊が吠えた問題

さらに今回のハセツネCUPで優勝を果たした上田瑠偉選手もインタビューで語っていた、熊に遭遇の話。濃霧で覆われた山中は風もなくひっそりと静まりかえっています。御前山に向かっている途中で「ギォォォォッ」と野獣が吠える声が私にも何度か聞こえました。20mほど先です。鳥やイノシシや鹿があんな声で鳴くとは思えませんが、少し上の方から聞こえたので木の上に熊は登らないだろ、と高を括っていました。しかしその後、熊は20mくらいの木は軽々と登ってしま

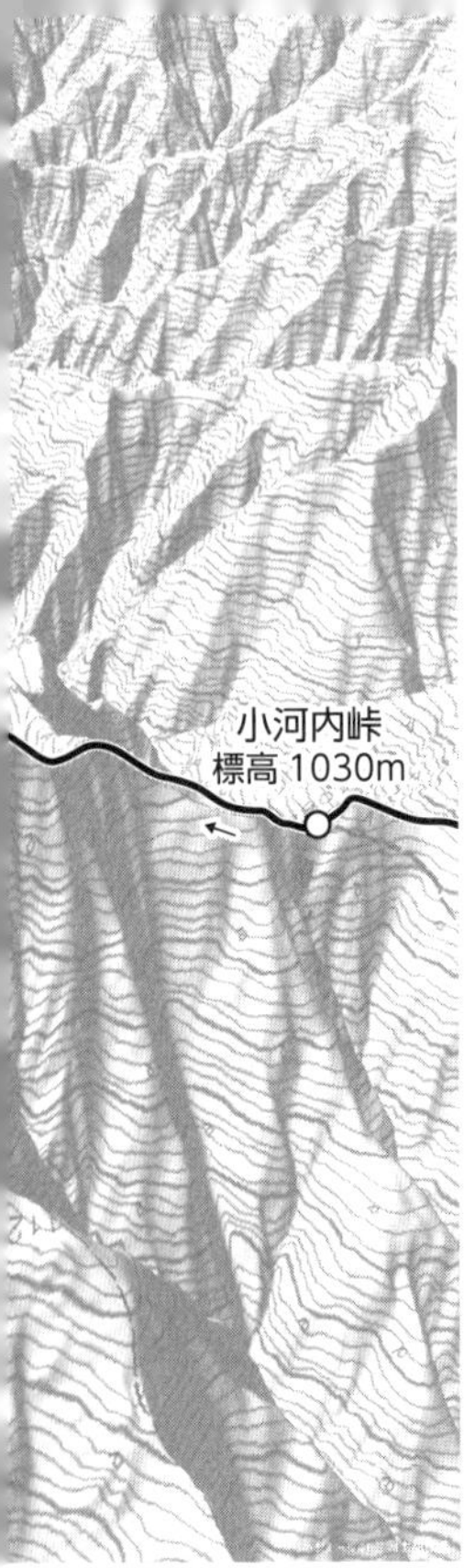

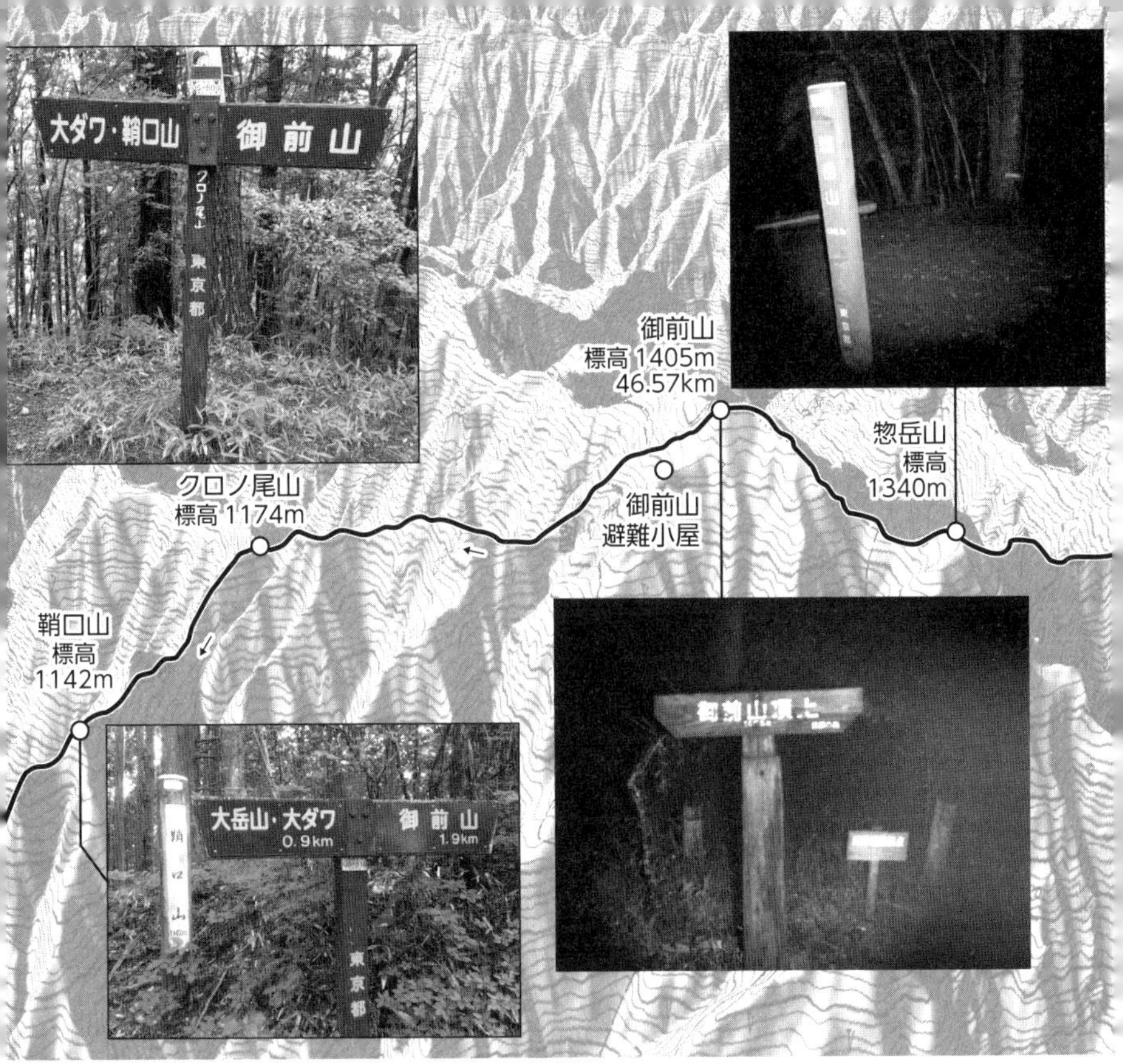

う事を知りました。姿は夜霧で見えなかったし、もうたぶん熊と眼前で遭遇しても「こっちはハセツネの真っ最中なんだよ！」と一喝して横をすり抜けていたと思います。それくらい脳も疲れて思考回路が壊れていました。

　惣岳山から御前山への登山道の周りには赤みがかった杭が打たれており、ずいぶん整備されている印象でした。山頂手前の登りは木段の段差も大きく木の根っこも張り出し

トップを独走する上田瑠偉選手

ているので、ストックの代わりに木の杭を掴んで身体を引き上げる手助けにしました。まだ新しくしっかりとした杭なので身体も預けられて試走の時も含めてかなり助かった印象です。富士登山競走でも鉄の杭を掴んで身体を引き上げましたが、今回も上半身に力が分散されるので、意外と足の疲労を最小限に抑えられた感覚がありました。

■山に棲む物の怪の虜になったランナーを時々見かけるようになる

そんなこんなで御前山に20時56分に到着（46・5㎞）。惣岳山山頂には誰もいませんでしたが御前山の山頂は広く、スタッフが待機してまた大きな声援をいただきました。「ナイスラン！ナイスラン！」もはや登りは完全に歩いている状態ですが、そう言われたら走らないわけにはいきません。私自身、そんなにええカッコしぃではないのですが、「登りきった〜」としゃがみ込みたくなるところを我慢して、山頂部分だけ走って下り始めました。そこから大ダワまでの下りは段差も大きく着地衝撃の蓄積も激しい箇所ですが、もう登りの心肺の限界の息苦しさから解放されるだけでも楽に感じました。

概して今回下りの着地衝撃は思ったほど蓄積はなかったと思います。そこは練習の成果でしょうか。身体中のあちこちが痛いですが、幸いにして歩みを止めるほど辛くはないし、気持ちもまだ前向きです。しかし大ダワまでの下りは先導ランナーがいなくてペースが上がりませんでした。後ろから追いついてきたランナーさんに前に行くように促したら腰を痛めてもう大ダワでリタイアするとの事だったので、仕方なく先導を頑張りました。

このあたりになると、案内の赤の点滅灯ではない白いライトがポワーッと時おり暗闇に浮かび上がってきます。「あれも案内の一つなのかな？」とこちらも光を求めているので吸い寄せられるように近づいてみると、ヘッドライトを点けたままへたり込んで座っているランナーが闇に浮かび上がってギョッとします。怪我をしたのか、それともバテただけなのかわかりませんが、大抵は闇の一点を見つめたまま微動だにしませんでした。一人だけ「コースはあっちですよ……」と言ってくれました。そのような座り込んだランナーをあちらこちらに見かけるようになりました。ひょっとして山に棲む物の怪の虜になったのかもしれません。でもこちらも他のランナーの状況を気にする余裕はありませんでした。「寒くないのかな……」と一瞬チラッと横目で見て通り過ぎました。私も物の怪の虜になってしまわぬように、もうただひたすらゴールの五日市会館を目指して走るしかありません。

■大ダワでリタイアテントに吸い込まれそうになる

げんなりするくらい長い長い下り、しかしそろそろ大ダワ？と思ったら、またいやらしい登りの連続。「下り基調のはずなのに！」と周りのランナーと悪態をつきながらも進みます。痩せた尾根が多く、切り立った崖のトラバースなど危険箇所もあります。滑落したら一巻の終わりです。周りの景色も暗闇で見えずクロノ尾山や鞘口山などランドマークもわからず通過してしまいました。もう一体自分がどこを走っているのか見当がつきません。「今は実は自宅のベッドの中で悪夢を見てるのか？」と思うほど疲労した頭の中では実感が湧かず、でもとにかくもがくように走りました。夢から覚めるようにようやく木の手すりがある柵越しにトイレの屋根が見えて何とか大ダワに21時40分に到着です（49・7㎞）。

ふと周囲を見回すと一緒に走ってきたランナーたちがここにいない？「あれ？リタイアするって言っていた彼は？」

大ダワには私一人しか到着していませんでした。

キツネにつままれた気分です。彼らもまた山の虜に……？

大ダワの「タワ」は「垰」と書きます。コルと同じ意味合いですが、もう少しなだらかな鞍部を指します。月夜見第二駐車場ほどではありませんが、舗装路がありテントが設置してあります。中には明かりが点いて人の気配もありました。吸い込まれそうになりましたが、「テントに入った時点でリタイアとみなします」

と紙が貼られていました。「これがリタイアテントか！」と思いとどまり、ソイジョイを一本食べてから、意を決して鋸山方面の暗闇に走り出しました……はずだったのですが、濃霧で気づかないうちに、いつの間にか登山道から外れた斜めの斜面を下っていました。視界が悪過ぎます。「あれ？道がない……」。軟らかい斜面をズボズボと踏み抜き、少しさ迷いましたが、ふと仰ぎみると10ｍほど上を走り去るランナーのライトが見えました。「あのあたりに道があるんだな」とおっかなびっくりで四つん這いで急登して正しい道に戻りました。そこからは一人で進むのは危険と思い、何人かのランナーと隊列を組んで進む事にしました。

無事に「日本山岳耐久レース50㎞」の道標の前を通過です。

大岳山の取り付きまではアップダウンもかなり小刻みになり、平坦で走れるシングルトラックが多くなります。ここは重要なタイムアップのポイントだと思います。しかし50㎞を延々とアップダウンを繰り返してくるともう平坦な道でも速くは走れなくなっています。感覚的には御前山から大ダワまでの疲労蓄積が一番効いている感じです。ペースダウンを最小限にして走り続けます。試走では平坦な部分を走っていると徐々に回復傾向になるのは確認していました。しかし無理はできません。これ以上、足が棒になったら最後の金比羅尾根も走れなくなってしまいます。

大岳山の登山道には岩の壁が立ちはだかる

■奥多摩三山のヤンチャ坊主に苦しめられる

大岳山は奥多摩三山の中では一番低いのですが（標高1266m）、手を使ってよじ登る大きな岩の壁が多くあり、鎖場も多くあります。いわば三兄弟の末っ子にして一番ヤンチャな感じです。登山の経験が乏しい私には夜に取りつくにはとても厳しく感じましたが、たまたま先導してくれた岩場ルートに場慣れしたランナーさんから楽なルート選択や足の置き場までインスタントガイダンスを受けて、割と急斜面の部分は短くあっと言う間に頂上に到達してしまいました（感謝！）。でもハセツネ本戦中で一番心拍数は上がりました。50㎞の距離を走ってきた後に岩場を登らされると本当にキツい。やはり累積疲労が溜まってくると、心拍数はすぐにMAXに到達するようです。

大岳山山頂に到達、22時34分（53・7㎞）。ここでもスタッフの皆さんの「ナイスラン！ナイスラン！」の掛け声に仕方なく息も絶え絶えでしたが、そのまま下山を開始しました。大岳山の下山は短いですがある意味ハセツネコース上で一番厄介だと思います。大きな段差もところどころにあり、岩に手をつきながらおっかなびっくりで下ります。ところが少し下った所でまた道を見失いました。30ｍくらい先にスタッフの誘導ライトは見えてます。でもそこまでどう行っていいのか分からない。濃霧で道がわからないのです。「もうこんなのレースじゃないよ……」と弱音も出ました。躊躇していると後続選手がやってきて「こっち、こっち」と指示してくれました。なんと平坦な大岳神社の境内にいたのです。目を凝らすと夜霧の中、すぐ横に拝殿と本殿が並んでいました。大岳神社は、昼間はそれがランドマークで「ようやく人の存在を感じる場所に下りてきた～」なんてホッとする場所なんですが、まさかそこで自分の位置がわからなくなるとは。夜霧だとシングルトラックのように狭くても、草木に囲まれたちゃんと道がある方がわかりやすく、神社前や山頂などの広い場所などが逆にルートがわかりづらくなるのだと理解できました。ようやく係員がライトを振ってくれている方に下りたのですが、「その先の見えてる赤いライトの方に行って！」と言われて赤い点滅灯にたどり着くと、次のライトがもう見えません。また真っ暗闇です。三頭山からは濃霧のせいもあり、道迷いや躊躇して進む無駄な時間を本当に多く費やしてしまったと思います。試走を何度かやってみて昼間の明るい風景を元にコースを把握していましたが、漆黒の夜霧の中では全然コースが理解できていませんでした。これが今回のハセツネCUPに参戦して一番悔やまれる部分です。この夜霧は結局、長尾平や金比羅尾根までずっとまとわりついてスピードが出せず、辛抱のレースになりました。

■第三関門で早くゴールしちゃうと始発電車まで時間持て余すな……と邪念が湧く

さらに大岳山を下ると資材置き場の小屋があります。そこから芥場峠《あくばとうげ》の上高岩山の尾根への分岐を左に曲がり、御岳山方面に下っていきます。ごろついた石は多いけれどかなり飛ばせるなだらかでまっすぐな下りになります。もちろん昼間には一切道迷いなんかしません。しかしここも前にも後ろにもランナーがおらず、おっかなびっくりで進む事になりました。「誰も来ないぞ。道を間違えていないかな？」と不安がよぎるとまたもやペースダウンです。しかし川の音が聞こえてきてミスコースではない事がようやくわかりました。

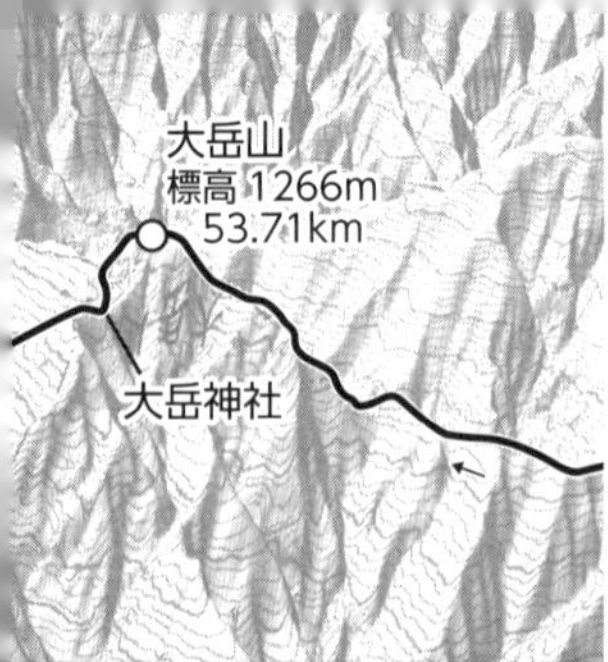

養沢川といって多摩川の源流の一つです。橋を渡って清流沿いの道に入ったら道はほぼ平坦で走りやすくなります。綾広の滝近くの湧き水ポイントまでもうすぐ。道端のパイプから流れ出る冷たい水を手ですくって思う存分飲みました。フラスクにも入れ、ゴールまで水の心配は一切なくなりました。そこから橋を渡り、少し上がると夜でも明るい奥ノ院口トイレ。なんと水洗で照明つきです。街中ではよくある公衆トイレですが、人の文明を感じ、それだけで嬉しくなります。

なだらかで整備された登山道を登って、ついに第三関門の長尾平に23時26分に到着（58・0㎞／制限時間はスタート21時間後の午前10時）。長谷川恒男さんの記念碑に一礼、ここまで無事にこれた事に感謝しました。そしてこのあたりで1㎜ほど頭の中にあった「終電で帰る」という選択肢は消えたという現実をリアルに自覚しました（笑）。そしてあまり早くゴールしちゃうと始発まで時間持て余すな……なんて考え始める余裕も出てきました。

御岳山は、山頂の神社には行かないので、大きく登る局面はなく、ほぼなだらかに通過します。

御岳山山頂付近コース概略図

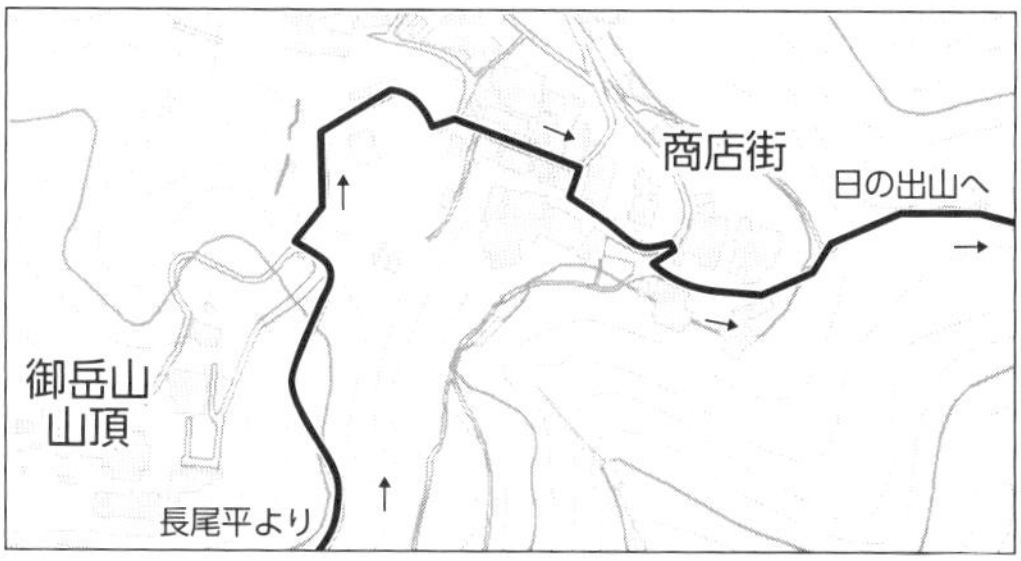

真夜中の参道の商店は、シャッターが下りていますが町並みを感じてホッとします。御岳神社の鳥

居をくぐり日の出山に向かいます。足が少し回復してきたのでなだらかな登り坂はなるべく走ります。そこから日の出山までは岩手県から参加している選手とずっと一緒のペースだったので、会話しながら走りました。彼は大岳山で転倒してしまい、肋骨を強打して血の気が引き20分くらいうずくまっていたそうです。私もハセツネでは派手な転倒も覚悟していたのですが、幸いにしてここまで大きな怪我もなく走れてこれました。「こうなったら怪我をしないで武蔵五日市に戻るぞ！」と自分に言い聞かせました。

■日の出山から朝の日の出は見れなかったけれど

日の出山山頂に23時56分到達（60・5㎞）。そこでもスタッフさんらから「ナイスラン！ナイスラン！」はいただいたのですが、少しの間、眼下に広がる武蔵五日市の素晴らしい夜景を楽しみました。これから人の住んでいる場所に戻るんだという気持ちでいっぱいになります。日の出山から細かい木段を下り始めますが雨で濡れていてスリッピー。勢いよく抜いていったランナーが目の前で大転倒。用心深く下りたいのですが、なぜかこの木段は段差が

細か過ぎてステップが合いません。つるつる温泉分岐の先からいよいよ金比羅尾根に入ります。

「フーッ」と息を吐き出します。標高700mを11kmかけて下るのです。速いランナーはものすごいスピードで駆け下ります。ここでも夜霧はまだ残っていましたが、月夜見山や御前山あたりの「ここは一体どこですか?」状態からは脱しています。最後の最後までハセツネを楽しませてもらいます！なんて意気込んで走り出した瞬間、身体が宙を舞いました。金比羅尾根に入って少し下ったところに木段が痩せてハードルみたいになっている箇所があるのですが、そこで泥濘に足を取られて派手にスッ転んでしまいました。やはり１００人以上のランナーが雨の中を駆け下った後だとかなりグチャグチャになっています。今回転んだのはこれでハセツネＣＵＰのレース中では2回目です。そして立ち上がって2歩ほど歩いたらまたコケました（すぐ3回目……笑）。もう足腰が極度の疲労で、笑っちゃうほどに踏ん張れなくなっている事を自覚しました。面白いのが二度転んで一息ついても前にも後ろにもランナーが見当たらない事。ハセツネは本当に一人で走る事が多いレースです。もうこうなったらゴールまでなるべく抜かれないように頑張るしかない。今ある力を振り絞って走り始めました。

幸神《さじかみ》分岐からは追いついてきた女性ランナーと並走しました。もう4回ほどハセツネに出ているベテラン選手でした。余裕がありそうなので「先に行ってください」と伝えますが、「いえ、先導してください。一人ではペース作れないのでお願いします」と言われてお互いに励まし合いながら長い下りを走り続けました。とはいえ時間的にはずいぶん掛かってしまいました。感覚的には「遅いペースにハマってしまって抜け出せなくなった」という形容でしょうか。無理をして突っ込めばもっといいペースを維持できたのかもしれ

やった！コンクリ橋だ。いよいよハセツネCUPもゴールも近い

ません。途中から足も回復傾向にあったのでもう少し速くは走れただろうという思いです。気持ちの切り替えがうまくできずに下山始めに二度コケて気持ちが少し後ろ向きになったまま最後まで行ってしまいました。

金比羅尾根の最後のランドマークであるコンクリート橋を渡って完走を確信しました。長かったレースもこれで終わりです。金比羅神社手前を左折すると果樹園の荒いコンクリートの舗装路の下りです。70㎞以上走って疲弊した足に容赦なく着地衝撃が襲ってきますが、これもご愛嬌です。ガンガン行きました。ついに武蔵五日市の市街地に入り民家の間を駆け抜けます。無事に大きな怪我もなく人里に戻ってきた感慨に浸ろう……としましたが、ふと後ろを見るとヘッドライトがいくつも光っています。何人ものランナーが迫っていま

した。「ゴール手前でさすがに抜かれたくはないな」と思い、最後の力を振り絞って五日市会館に向けて最後のダッシュ。こんな力が残っていたのかっていうくらいに大きなストライドで走れました。「こんなに余力あるのに金比羅尾根では不甲斐ない走りで、全く気持ちが弱いな……」と少しだけ落ち込みながらゴールしました。

五日市会館ゴール午前1時30分（12時間30分17

秒）。試走のペースと疲労から考えて、15時間～16時間の完走がいい線だろうと考えていましたが、12時間30分という結果になりました。無事完走もできて予想より大幅に前倒ししてのフィニッシュとなりましたが、達成感はあまりありません。実際走ってみると自身の視力の悪さ＋濃霧による視界の悪さ、そして路面コンディションの悪さで悩まされ、HP《ヒットポイント》がガタ落ちして後半は瀕死状態での

男子　上田瑠偉選手優勝

女子　高村貴子選手優勝

走行になりました。富士登山競走はさほど山の技術力が問われない昼間の登りのみの短期決戦なので何とかうまくごまかせましたが、悪条件の夜の長時間走行ではさすがにボロが出てしまった恰好です。残念ですが、しょうがないと思いました。人生いい時もあれば悪い時もあります。経験値の低さも含めて色々な部分でもっと時間短縮をできれば次回の挑戦で10時間台でのフィニッシュもできるのではないかと思います。

■ハセツネCUPは残念ながら遅いランナーほど不利になる

市街地の平坦なマラソンは、遅い人も速い人もスタート位置以外、走るコースはほぼイコールコンディションですが、ハセツネCUPは違いました。遅いランナーほど不利になります。遅いほど食糧、水分を持たねばならず、余計に背負わなくてはならなくなります。また路面のコンデションも遅い人ほど悪くなります。私は大体100番台を推移していましたが、それでもグチャグチャでした。さらに夜霧は走ったランナーの話では2017年は深夜になればなるほど深まる傾向がありました。10月8日は気温がこの時期としては異常に上がり、その後9日の深夜には夜の霧雨による低気温という最悪のコンディションでした。完走率が

第25回ハセツネCUP日本山岳耐久レース　2017年10月8日～9日

第一関門　3時間10分17秒　125位(50代の部4位)
第二関門　6時間46分03秒(区間タイム3時間36分)　139位(50代の部6位)
第三関門　10時間26分45秒(区間タイム3時間40分)　163位(50代の部10位)
ゴール　12時間30分17秒(区間タイム2時間04分)　191位(50代の部15位)

天気　6日(金)：強めの雨
7日(土)：明け方に雨が降りやむ→晴れ
8日(日)：晴れ　最高気温22.8℃　最低気温15.3℃
9日(月)：濃霧→小雨→晴　最高気温23.5℃　最低気温16.1℃

男子　優勝　上田瑠偉　7：46：22
2位　吉原　稔
3位　小川壮太
女子　優勝　高村貴子　9：17：30
2位　福地綾乃
3位　星野　緑

エントリー総数2605名
出走者2332名
第一関門2285名　第一関門までのリタイア　47名
第二関門1883名　第二関門までのリタイア　449名
第三関門1737名　第三関門までのリタイア　595名
完走者　1729名
完走率74.1%

9割近いハセツネCUPで、2017年は7割台と下がったのも今回は厳しいレースだったのを物語っていると思います。

　それにしても怪我をしなくて本当によかったと思いました。懸念していた膝の古傷の悪化もありませんでした。私には日本山岳耐久レースは背伸びし過ぎた大会だったと思います。更衣室で一息ついた後はお世話になった人たちに無事完走した事と感謝の気持ちをメールで送りました。編集さんにも送ったのですが、翌日の夕方くらいに返信が入っていました。

「お疲れ様でした！これで富士山と歯セツネ（原文ママ）が終わって本を作り始められますね！よろしくお願いいたします」

　字が間違っているし……。というかサブスリーを狙う第三戦の設定は一体どこに？どうやら彼に

ハセツネCUP コース断面図
※距離は公式サイトを参考にしています

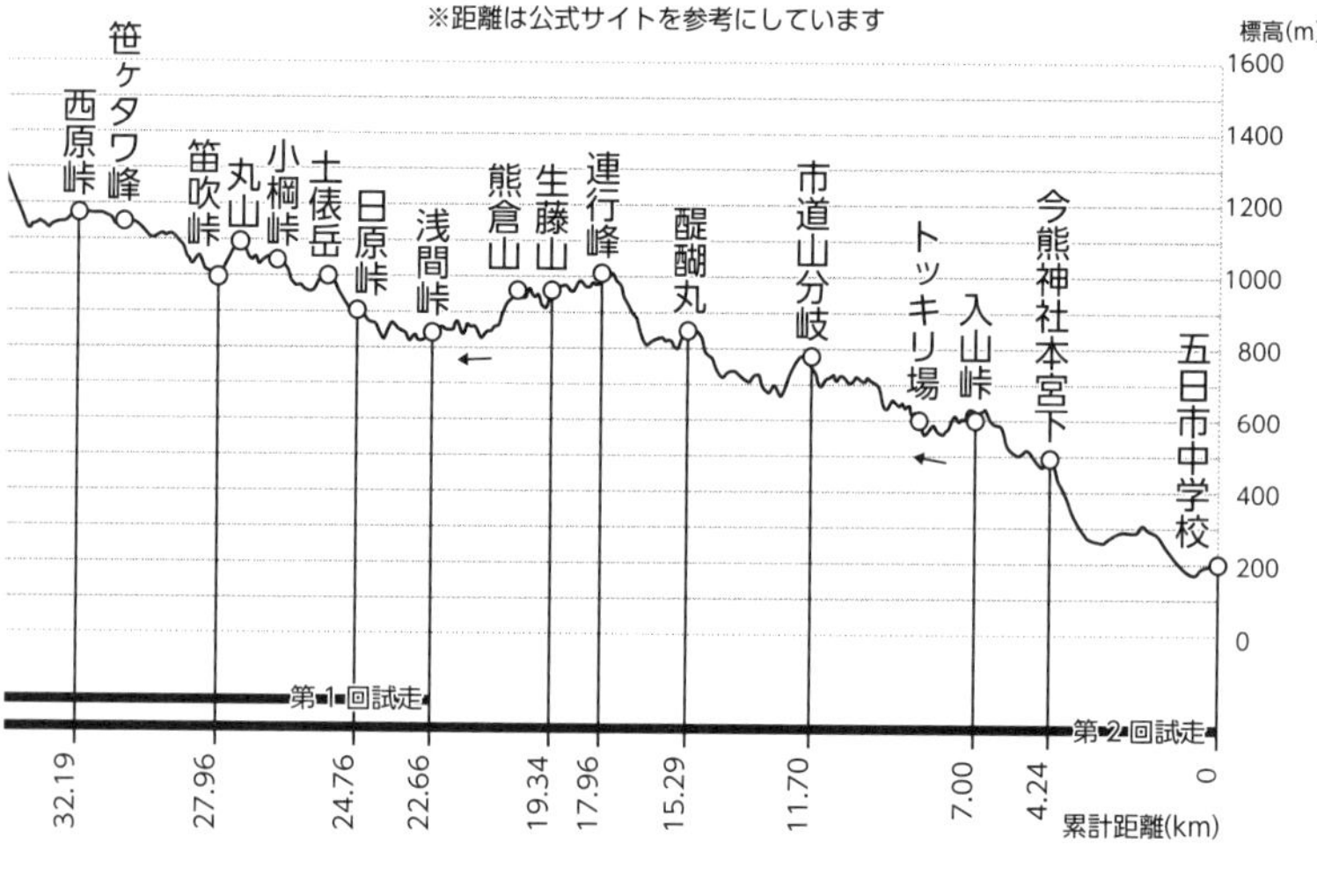

とって私のサブスリーはどうでもよくなり、トレイルランニングだけで一冊作れるという思惑からか、もう早目に本を出すスケジュールに組み込みたいようです。

そうはさせじ、初志貫徹。

負けられない戦いはまだまだ続きます。

■ハセツネCUP当日の服装と装備

・飲み物：背中にハイドレーション1・5ℓ（薄めたスポーツドリンク）と胸の位置にソフトフラスク500cc×2本（水と麦茶）

気分で三つの味を楽しみました。スポーツドリンクはもう少し濃い方がよく、麦茶はまずかったです。一番美味しかったのは水。ハイドレーショ

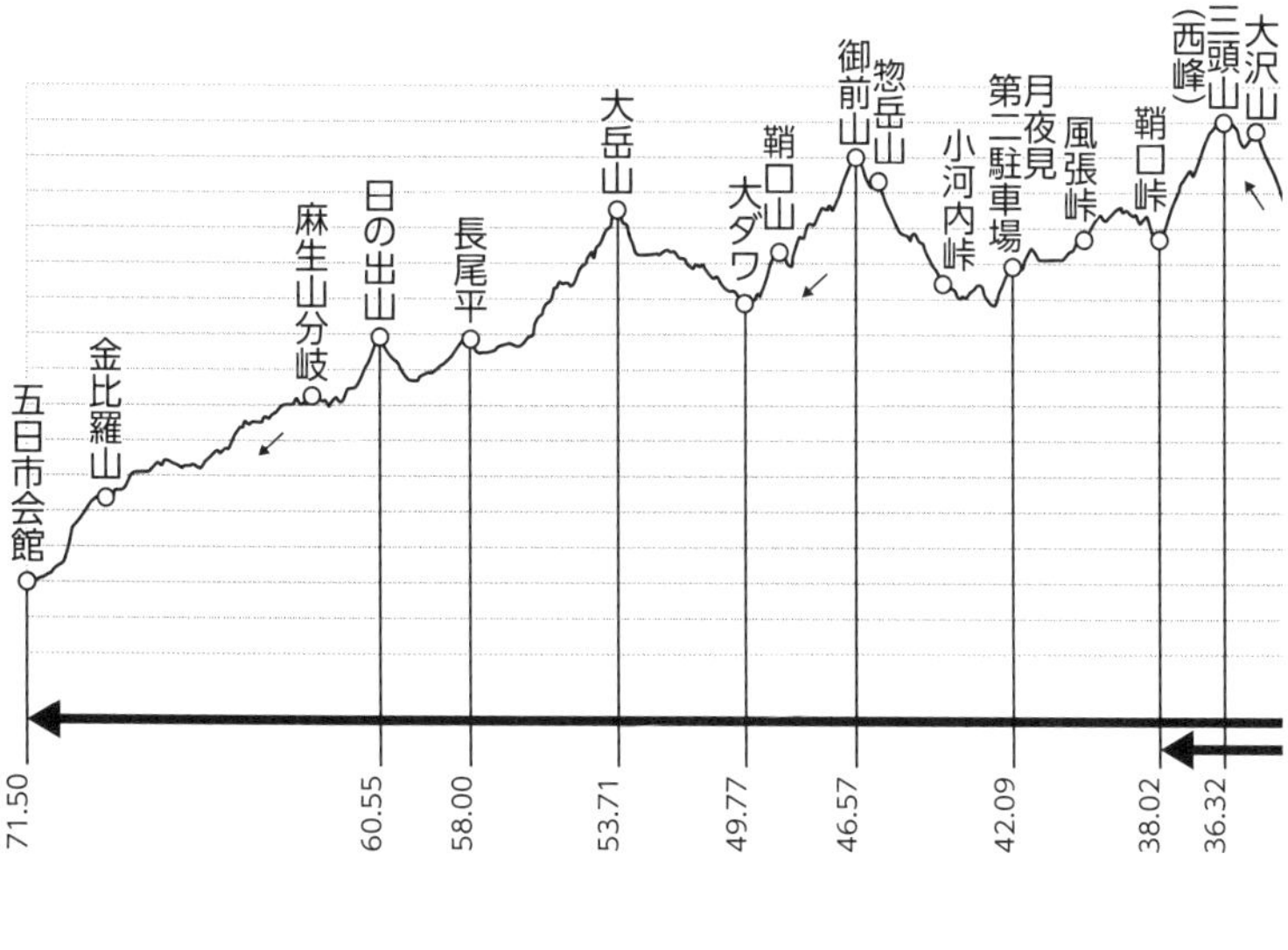

ンは飲みづらく残量もわかりにくい。第二関門である月夜見第二駐車場までにハイドレーションの1・5ℓを飲み干し、ソフトフラスクは少々残る展開。月夜見では1・5ℓの水とポカリスエットを補給可能ですし、綾広の滝近くの湧き水で水も汲めるので不自由しません。

・補給食：エナジージェル6本（ショッツ3本、ザバスピットイン3本）、固形食（ブラックサンダーVOLT2本、ソイジョイ4本）

補給に関しては、持って行き過ぎました。結局、食べたのはジェル3本、VOLT2本、ソイジョイ1本でした。

・ウェア：THE NORTH FACE のショートスリーブエンデューロクルー
THE NORTH FACE のフライウェイトレーシングベリーショート

・シューズ：HOKA ONE ONE フアカ

今回迷ったのがシューズの選択でした。マラソンシューズを履くという選択もありました。ロードでは速いでしょう。しかしハセツネ30Kの時の濡れた下りで滑る印象があり、やめました。色々試し履きしてグリップで際立っていたのがHOKA ONE ONEのファアカです。ヌルヌルの泥濘でも岩場でも安定感がありました。実際クッション性もあったと思います。ところがレーススピードで走ってみると横ブレが発生しました。やはりミッドソールが分厚いために地面との接地感がダイレクトではないのが原因でしょう。さらにシューズ内で足が暴れて左右の親指に水ぶくれが発生してしまい、ずっと痛みに苦しめられました。

・リュック：HOKA ONE ONE ランニングバックパック EVO F-LIGHT
・防寒具：モンベルＥＸライトウインドパーカ
・ソックス：ドライマックス
・グローブ：ダイソー

以前、山で走って転んだ時に手の平が擦り剥けてジンジンと痛かったので、今回、手袋をハメて走りましたが、昼間は身体全体が熱く感じて、とてもストレスに感じました。

ハセツネCUPの最大の栄誉は24時間以内での完走になる

・ヘッドライト：ジェントスGH-003RG
・ハンドライト：ジェントス閃 SG-309
・GPSウォッチ：ガーミン FOREATHLETE935

■装備についての考察

ハセツネは最長24時間で完走すればいいレースなので、装備も人それぞれで違ってきます。よく言われるのが、陸上競技からトレイルランニングに入った人は装備が少なく、登山からトレイルランニングに入った人は水や食料も含め荷物が多くなる傾向にあります。ストックはもちろんの事、熊鈴やスズメ蜂に襲われた時のポイズンリムーバー、その他のエマージェンシーキットや地図、サバイバルシート、いやいやビバーク用のシェルターの方が……など考えたらキリがありません。

防水防寒の装備もです。私はとにかく走り続けて体表体温を下げないようにする前提の装備でしたが、リタイアした場合、搬送バスがすぐ来るとは限りません。そうでなくてもくたびれて少しだけ座りたい時や、山頂で眠気に襲われた場合もジャケットが一枚あると安心でしょう。行動しないと急に冷えは襲ってきます。しっかり着込まないと10月の奥多摩の山間部はかなり寒いです。土砂降りの雨に見舞われたらレインウェアは必須でしょう。

浅間峠や月夜見第二駐車場は大きなブルーシートが敷かれているので、そこで長い休憩を取る選手も多いです。なかには携帯用コンロでラーメンやバーベキューを始める選手もいる（もちろん肉やネギなど食材は自分で背負って行きます！）というからハセツネの楽しみ方は十人十色。とにかくスプリント感覚でタイムを競い合う人から、のんびり制限時間を目いっぱい使ってオトナの遠足を楽しむ人までさまざま。日本山岳耐久レースの最大の栄誉は制限時間24時間以内での完走なのですからそれでよいと思います。

■一寸先は漆黒の闇でもあり、そして輝く光でもある

冒頭で書いたララムリ族のロレーナさんですが、メキシコの山岳地帯と違う日本ならではの高温多湿に悩まされて、女子上位には入れませんでした。しかし無事14時間30分で女子総合58位で完走、……のはずだったのですが、選手マーシャルの水をもらって飲んでしまい、失格になりました。しかしですよ。私は言いたいのです。彼女は試走もせずにひら

ひらのロングドレスとサンダルであの濃霧と雨の中を71・5㎞を走りきったのです。無条件ですごいと思います。しかもゴール時の映像でもスカートの裾に全く泥がついていません。足元が見えない中、どうやってあの三頭山や御前山を下ったのか、大岳山の岩の段差をどうやって下りたのか。ハセツネ30Kのワラーチ選手もですが、山走りのテクニックは奥深いですね。本当にリスペクトしかありません。ビバ！メヒコ！

あくる日から大腿四頭筋がすごい筋肉痛になりました。肩の三角筋や上腕二頭筋もです。腰も痛くなりました。そして倒木と激突したオデコは腫れ上がりました。ハセツネCUPが終わって、息つく間もなくマラソンシーズンに突入したので、あれから山には一回も行っていません。今度はのんびりと景色を眺めながら友人たちとピクニック気分で歩きながら登って頂上でお弁当をひろげて楽しみたいです。

でも一方で、吸い込まれそうな闇の中を切り裂くようにライトを照らし、全身の神経を獣のように研ぎ澄まして突き進んでいくナイトトレイルならではの非日常な世界。その魅力に囚われている自分がいます。

第3章写真協力：アオキスポーツ／メタボン／日本山岳耐久レース大会事務局／アルパインガイド長谷川事務所

第4章
全ては繋がっている！
55歳のサブスリー挑戦の舞台へ

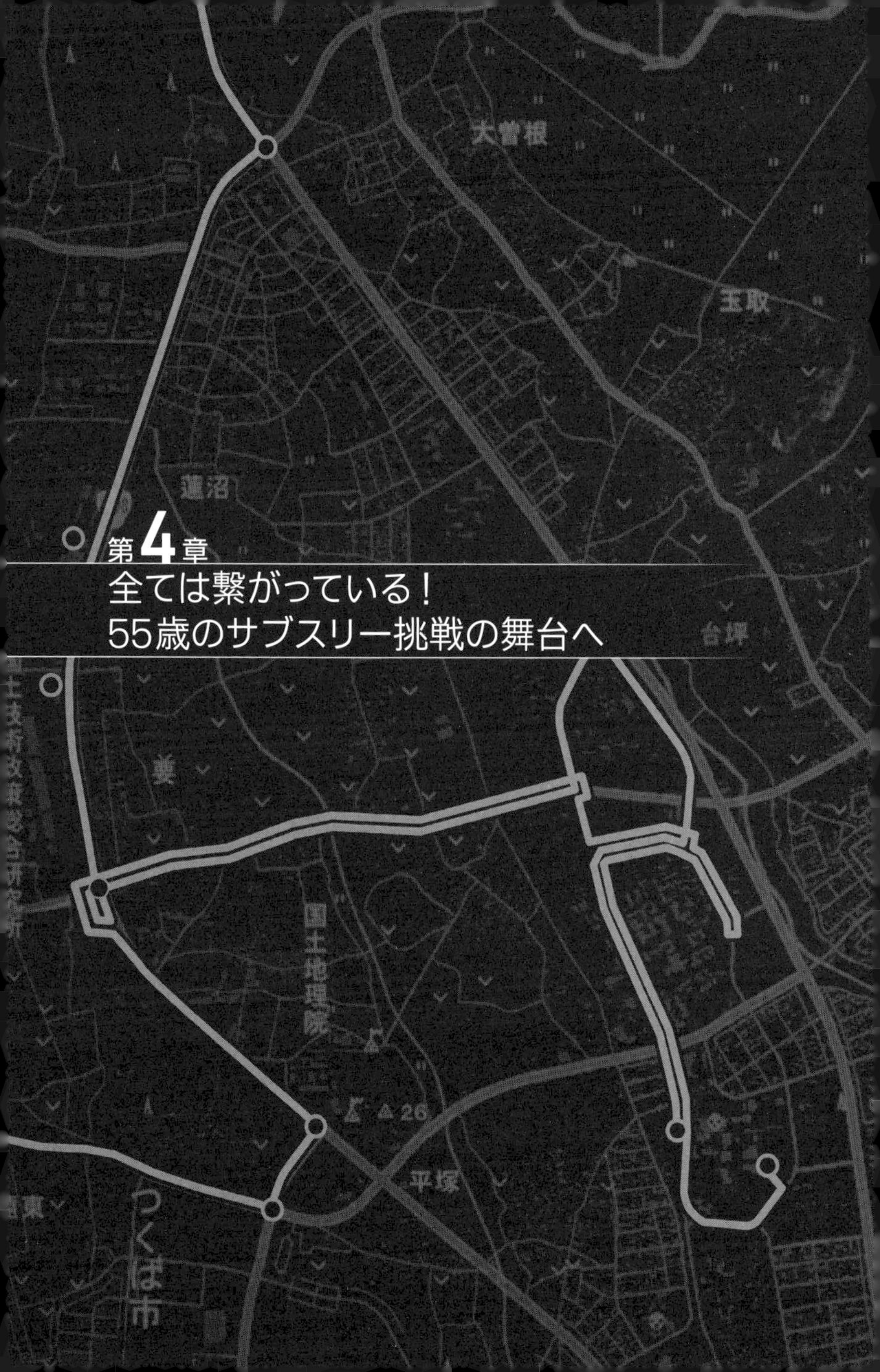

■サブスリーをタイトルに掲げられない問題が浮上！

２０１７年、魔の三連戦のうち富士登山競走と日本山岳耐久レースを無事クリアしました。山に特化した練習とレースに春から初秋まで明け暮れていたので、マラソンに特化した練習は何もしていませんでした。ところで「はじめに」にも書いていたタイトル「サブスリー漫画家 激走 山へ！」……。

『「大転子ランニング」で走れ！マンガ家53歳でもサブスリー』のまえがきにこう書かれていたのを覚えている読者もいらっしゃるかと思います。

「第二弾を出すには、また大会でサブスリーを出す事が前提です。そうでなければタイトルに『サブスリー』だって謳う事はできない。何年も前に出した記録で、実績のある監督でも元選手でもない一介のマンガ家の自分が偉そうに本を出版なんてできない」

（おいおい、ああ書いてたんだからサブスリー出せなかったんなら、そのタイトルはナシだよな？）と心の声が胸に突き刺さりました。

……そうだ、今回もフルマラソンで3時間切りをしないと流れ的には「サブスリー」ってタイトルに入れられないんだった。

しかも担当編集さんはスケジュール的に、もう今年のサブスリーはいいから早く本を出せというプレッシャーを醸し出しています。でも私にも意地があります。「もう、いいですよ」と言われて「はい、そうですか」と引っ込めるわけにはいきません。『大転子ランニング』の時点では第三弾を出す構想もなかったので、まさか自分の首を絞める事態となるとは思いませんでした。

■弱い心と出版スケジュールの板挟みになる

「サブスリーはもう前に達成したんだからいいじゃん、タイトルつけちゃっても文句言われないでしょう」というアドバイスをされて弱い心がもたげた時期もありました。サブスリーできなかったら潔くサブスリーの5文字を取り『マンガ家 激走 山へ！』にしようかと考えた時もありました。しかし私のマラソン本においての最大のセールスポイントも失ってしまうという危惧もありました。そして何よりもサブスリーをタイトルに掲げなかったら、「結局、今年はサブスリーできなかったのか」、そう思われるのも嫌でした。せっかく富士登山競走とハセツネCUPと頑張ってきたのにここで頓挫するわけにはいかない……。

第三弾の発売は2018年の6月と決まりました。私は文章からイラストまで全部自分で書きます。お任せではないのでずいぶん時間が掛かります。とにかく出版のスケジュール上、2017年の秋の大会までにサブスリーを出すしかないのは明白でした。秋に行われるマラソン大会は日本全国に多くあります。2016年にサブスリーを出せた水戸黄門漫遊マラソンも候補でした。景色も飽きないし沿道の応援が多くとてもいい印象が残っています。縁起を担ぎたい気持ちもありました。しかし今回は、フラットなコースレイアウトで記録も出やすいといわれているつくばマラソンにエントリーをしました。

とはいえ、実は私にとってつくばマラソンは、いいイメージはないのです。つくばマラソン2015にエントリーしましたが、第一弾の「ひぃこらサブスリー」の執筆作業に終われて、泣く泣くのDNS。

そして2016年……。

「ああ、去年のようにDNFだったらどうしよう……」

そう、私は2016年、実はつくばマラソンを走っており、ふくらはぎの肉離れで途中で棄権していたのです。まさしくつくばマラソンは私にとって鬼門の大会だったのです。

■「二度ある事は三度ある」、それとも「三度目の正直」？

話は2016年の水戸黄門漫遊マラソンの直後に戻ります。54歳の誕生日の前々日、10月29日に無事サブスリーを達成できました。

これで第二弾の本が出せるとホッとしたのもつかの間、10月の水戸黄門漫遊マラソンでサブスリー挑戦が失敗に終わったらどうしようと考えて私は保険のために11月20日のつくばマラソンにもエントリーしていたのを思い出しました。状況は変わりました。水戸黄門漫遊マラソンでサブスリーは達成したので重圧からは解放されました。今から思うとそこで休養を取るべきだったし、第二弾の執筆に取り掛かればよかったのですが、私はその時にこう考えました。

「今、好調の波が来ている。これで執筆に入り、さらなる自己ベストを逃してはいけない。つくばは水戸より平坦でタイムが出やすいコース。スタート地点の標高25mを基準として約20mの高低差しかない。水戸も40km過ぎの激坂がなければもっと記録が出ていた……。今の調子ならつくばで2時間55分切りもできるのではないか？イケイケどんどん！」

つくばマラソンまではもう20日を切っていました。そう思うと休んでいる暇はありません。水戸黄門漫遊マラソンの1週間後に、所属クラブの皇居の練習会がタイミングよくありました。ちょっと早いかなと思いつつも30kmのペース走にチャレンジしました。実際、走る前に疲労は抜けている感覚でした。キロ4分で走り出し、調子よかったのですが、桜田門までの長い坂を下ったあたりでハムストリングスに違和感を感じ始めました。こんな経験はありませんでした。1週間前に水戸で酷使した筋肉の深部疲労はまだ残っていたのです。このまま走っても肉離れになると感じたのでストップしてストレッチを行いました。結果、キロ4分30秒にペースを落として30㎞を走り終えましたが、違和感は残りました。そこからハムストリングスをかばうようにフォームに崩れが出てしまったのだと思います。つくばマラソンの1週間前の別の練習会のキロ3分50秒の10㎞ペース走では反対側のふくらはぎを痛めてしまったのです。それでもまださらなる自己ベストをと考えていたのですから笑ってしまいます。

いざ、つくばマラソンの当日。序盤キロ4分5秒程度で推移したもののハムストリングスの違和感が顕著になり、結局ふくらはぎに強烈な痛みがビキッと走り、これ以上は無理と判断。10㎞過ぎのクリーンセンター入口の交差点あたりでリタイアしました。水戸黄門漫遊マラソンが終わって休養を取るべきだったのに、つい無茶をしてしまいました。しかし後悔はしていません。自己ベストを越えるために頑張っているランナーは身体の限界を越えようとギリギリでやっているのだから、それは故障します。無理をしなくては強くなりません。

10㎞過ぎというと多くのランナーがまだ全然元気に走っている状況です。大会も始まったばかりで車道の規制も解かれておらず、私はとぼとぼと足を引きずりながら、歩いてスタート地点に戻るしかありませんでした。防寒グッズもなく身体も冷えて、長い時間を掛けてスタート地点に戻り更衣室でしゃがみ込んだ途端、涙がこぼれてきました。誰にも連絡せず、帰り支度を済ませ外に出た時に、トップのランナーが戻ってきてゴールする実況アナウンスが聞こえてきました。続々とランナーがラストスパートをかけて歓喜のゴールをするのを傍目につくば駅へと歩き出しました。とても惨めな気持ちでした。しかしその時に心に決めました。

「来年は必ずこの地に戻ってこよう。そして必ず笑顔でゴールするんだ。もちろんサブスリーを出して」

というわけでサブスリーを55歳で達成する舞台として、そして3年越しのリベンジとしてエントリーしたのがつくばマラソン2017だったのです。

■トレラン漫画家、フルマラソンへ

前年の水戸→20日後につくば→肉離れという同じ轍は踏むまいと考えて、ハセツネCUP→48日後につくばと約2・5倍、日数に余裕を持たせました。しかしハセツネCUPはフルマラソン以上の71・5㎞の距離、しかも昼から深夜にかけて厳しいアップダウンの繰り返しの登山道を12時間30分と長時間走ったダメージは深く、大会後の数日は生まれたての小鹿みたいな歩き方しかできませんでした。筋肉は超回復するといわれますがそれはトレーニング負荷を少しずつ増やしていく場合です。極めて大きな筋損傷を受けると回復どころか筋繊維は壊死して筋力低下と痛みが長続きします。ハセツネＣＵＰ後は本当にそんな感じでした。ハッと気づくと10月も中旬。ようやくハセツネＣＵＰ10日後の10月19日にアクティブレストレベルのランニングを再開。あと39日。

サブスリーと銘打ったタイトルをつけるには、一発勝負のつくばマラソンで必ず達成しなくてはいけない。プレッシャーはありましたが、富士登山競走の関門アウトの恐怖、ハセツネの夜通し山中を走るという不安から見るとプレッシャーの度合いは低いだろうと思っていました。なにしろフルマラソンに関しては二つの山の大会とは経験値が違います。ゆえに心に余裕をもって対処できるのではないかと踏んでいました。

でも実際につくばマラソンが目前に迫ってきたら全く違いました。本を書く前提というのもよくないのでしょう。結局、大会が迫ってきたらどれもこれも似たようなプレッシャーに押し潰されそうになります。サブスリーを出すには練習量と強度を高め、スピードと持久力を身体にしっかりと植えつけていかねばなりません。やり方はもうわかっています。しかしハセツネＣＵＰから大きな疲労負債を持ちつつまだ1ヶ月前でもマラソン本来の練習がスタートできていなかったのです。不安は募るばかりでした。

■フルマラソンにおける期分けの概念

本来ならば大会1ヶ月前といえばそろそろマラソンの走り込み期を終了させて、調整期に入り、段々と練習量を減らしていく時期です。

フルマラソンは通常3ヶ月前から期分け（ピリオダイゼーション）といってスタミナ養成期、スピード持久期、調整期と分けてレース本番に向けて万全の体制に持っていきます。それくらいフルマラソンに耐えうる身体を作るのは大変という事です。通常の3ヶ月のメニューに関しては今までの単行本に書きましたが、まとめておくと、

3ヶ月前	スタミナ養成期	スピードを気にせずに距離を踏んで足を作っていく。また200mや400mなどのレペテーションでスピードを養成する。
2ヶ月前	スピード持久期	20～30㎞走をレースペース＋αで何回か走り込んでペース維持力を磨く。かつ1㎞×5～7本などのインターバルでスピード持久力を磨く。
1ヶ月前	調整期	質を落とさずに距離を徐々に減らして疲労を抜いていき本番を迎える。

といった期分けになります。

それらの練習を組み合わせて調整が上手くいくと大会に近づくにつれて「あ、これサブ

スリー今ならイケる」という感覚が芽生えてくるのです。

調整期に関しては指導者や選手によって考え方に違いがあり、調整なんて少し減らせばいいだけとか、どうやっても一緒なんて意見もありますが、私はとても大切な期間だと思っています。料理だって準備期で無農薬の新鮮でいい食材を仕入れて、走り込み期でどんなにコトコトと上手く煮たり焼いたり美味しく調理したとしても、調整期の塩の振り加減一つで失敗すると台無しになります。私は1ヶ月を切っても割と練習量は維持します。もちろん大会前日も短い距離ですが走ります。ダッシュとかもします。その方が間違いなく調子がよいのです。マラソン大会前にはほとんど走らない、前日も歩かないようにする筋肉の超回復理論を根拠にした調整法も聞きますが、走動作は単純なだけに巧緻性の維持を考えた方がよいと思います。

ただ一つ注意点があります。東京マラソン2018で男子マラソン日本新記録を更新した設楽悠太《したらゆうた》選手が、大会の3日前にも30㎞走を実施していた事が話題になりましたが、普通の調整法ではありえない話です。彼はNIKEの厚底シューズを履くようになって、格段に足の着地衝撃が減って疲労回復が早くなり、そのような練習法に移行していったと考えられます。ケニアやエチオピアの選手も日々の練習は土道で極力行います。東京マラソンに来日するアフリカ選手らは前日でも都内の公園のクロスカントリーを探して走るのは有名な話。それくらい着地衝撃の蓄積を足に与えるのを避けているのです。私も大会まで結構な距離を毎日走りますが、ポイント練習も含めてほぼウッドチップやゴムチップのある道で、普通の舗装路を走るのは1週間のうち1～2日程度になります。

■期分けにおける夏場の練習とは

本来ならば秋のフルマラソンまでのトレーニングは夏場に長い距離を走って地固めをする事になります。例えば2016年の水戸黄門漫遊マラソンに向けてのトレーニングは、所属クラブとは別クラブの朝練習にも参加して、夏に繰り返しの30kmペース走を入れられた事は大きな地固めになりました。もちろん夏の暑い時期ですからペースは上がりません。キロ5分30秒ほど。しかし気温が下がれば間違いなく最大酸素摂取能力は上がります。「こんなタイムじゃ今年は無理なんじゃないの？」と冷やかされたりしましたが、私にはこの時点である程度のサブスリーの確信がありました。

秋から冬に近づくにつれ気温は下がっていき、運動しても夏ほど深部体温が上がらなくなります。深部体温を下げるにはラジエターのように皮膚表面により多くの血液を循環させなくてはいけませんが、その必要がなくなります。そしてその分、筋肉に酸素を送り届ける事ができるようになるのです。そのため、同一の心拍数でより速く走れるようになります。

夏場は走り込みの量を増やした事による疲労には気をつけなくてはいけません。熱中症の危険性もあり、体調を崩しやすいのです。循環器や中枢神経系の機能不全が起きて大きなダメージを負ってしまい、シーズン全体を棒に振る人だっているのです。夏場を根性で乗りきろうとしてはいけません。ロング走はランニングフォームを意識してゆとりを持って走りきる事が重要なポイントです。ペースが上がらなくとも、そこで焦らなくてよいのです。「ヤバイ、上げられない！」と焦って無駄な力みが入ってしまい、地面を必要以上に蹴ってアキレス腱痛を引き起こしてしまうなどは典型的なパターンです。夏場はタイムは上げられなくて当然なのです。

その時にランナーが考えるのは2パターン。一つは「ああ、やっぱり無理なんだ」とレースのペース設定を実力以下に下げてしまう場合。これはまだいいです。もう一つは「練習が足りないからだ。もっと頑張らねば！」と練習の設定タイムを無理やり上げてしまう、もしくはタイム的に納得したいとポイント練習を繰り返すというパターン。結果、タイムを何とかクリアしたとしても、フォームが崩れてランニングエコノミーが落ちてしまい、レースまでにエネルギー源である糖質をどんどん浪費する身体ができあがります。もしくはそれまでに身体が悲鳴をあげて故障します。そして、本番レースでは途中からガタ落ちのパターンになります。

気持ちだけが空回りして「どうにか遅れを取り戻そう！」と考えたくなるのはわかりますが、無理に練習を詰め込んで大会に帳尻を合わせた成功例はほとんど聞きません。

サブスリー達成を具体例で説明すると、30㎞のペース走を実施する場合の設定タイムは、私の場合、秋の涼しくなってきた時期でもキロ4分30秒〜となります。夏はキロ5分30秒〜で構いません。この設定タイムでペース走を3回〜5回ほど積み重ねていく事ができれば、メンタル的にも体力的にもかなり効果的な練習となります。

さらに1週間に1回程度、1000m×5〜7本程度のインターバルトレーニングと呼ばれるスピード練習を入れていきます。これらもサブスリーが目標だとキロ3分40秒〜50秒で取り組む事になります。夏場はキロ3分50秒〜4分レベルでよいでしょう。これらは第一弾の『走れ！マンガ家ひぃこらサブスリー』に詳述しています。

■やってきた事は全て無駄だったのだろうか

ところがこの夏場の30㎞ペース走の積み重ねによる持久力のペースアップは、今回、山のレースに集中していたためにできませんでした。7月の富士登山競走や10月のハセツネCUPでさんざん距離は走ったでしょう？そう言われるかもしれませんが、結果的に言うとマラソンの練習と山のレースは全くの別物です。山は登り下りで大きくペースや脈拍、使う筋肉も変化します。平坦地でピッチを高く維持して走るフルマラソンのそれとは大きく異なります。

スピード持久力を磨くインターバルですが、これらも夏場に一切やりませんでした。私は富士登山競走とハセツネCUPに特化した練習を積み重ねましたが、結果的にそれらによってフォームが崩れて、私の平地でのマラソンスピードを奪ってしまっていました。週に1回でもスピード練習は継続的にやるべきだったと思います。リディアード式トレーニングでいうところのシャープナーです。

気がつくと、つくばマラソンまで1ヶ月に迫った私には、富士登山競走とハセツネCUPで疲弊して鈍くなった身体だけが残った形でした。足の筋肉も余計についた感じで、身体が重たくスピードが出ないのです。夏場に距離走も踏んでいないし、インターバルもやっていないツケが回ってきました。そして気持ちもダウンしていました。練習のテンションが上がりません。「やりたくないな……」とばかり考えていました。春からずっと気が張っていたのだと思います。トレイル二連戦で気持ちの糸が切れかかってしまいました。

普段のジョグは1時間なら1時間、10㎞なら10㎞と決めて走るのですが、練習もうまくいって調子が上向きになるとマラソン本番2～3週間前には普段のジョグスピードが勝手に上がって、気がつくとキロ4分50秒くらいで楽に走れるようになります。サブスリーでそのくらいかよ?と思われる方もいるかと思いますが、あくまでタイムを追って頑張って走るのではなく、息も切れず楽に気持ちよく走った数字がこれに近くなくてはいけません。数字を追いかけて、無理をして走った結果ではないのです。その気持ちよい感覚で走るジョグが10㎞でキロ5分35秒程度にしか上がりませんでした。3週間後には本番レースが迫っているというのにです。加えて左右のふくらはぎがすぐに攣るのにも悩まされていました。これまたタフなレースになるかもしれないと思いました。

■55歳のバースデーは孤独な夜の30㎞走

さて11月に入り、泣いても笑ってもつくばマラソンまで3週間。大切な調整期です。本来ならば最後の30㎞走で締めくくり、2週間前は20㎞、1週間前は10㎞と距離は短くして、スピードを上げていき仕上げていきます。30㎞走を所属クラブの皇居走にタイミングを合わせていたのですが、どう考えても設定どおりのタイムは出せない……。出せても今この時期から遮二無二タイムだけ追いかけても潰れるだけ、そう判断した私は、55歳の誕生日に一人、夜の皇居で30㎞走に挑戦しました。

といっても30㎞と決めて走り出したわけではありません。ふくらはぎの調子が悪いなと思ったらやめよう、そしてつくばは残念ながら目標タイムを下げて設定しなおそう、そう考えていました。筋膜や筋繊維の損傷は痛みを感じなくなってからも、新しく修復された部分の強度はまだ70％以下であり、故障以前の強度に戻るまでは違和感がなくなってから数週間掛かります。その時期の練習強度の調節がランナーの故障からの復帰を難しいものにさせているのです。「もう大丈夫！」とあわてて強度が高い練習を再開してしまうと怪我が再発して長引かせる事にもなりかねません。何を隠そう、私も２０１６年のつくばのＤＮＦで受けたダメージは深く、２０１７年の4月に行われたハセツネ30Ｋの時も本調子ではありませんでした。試走に行けなかったもう一つの理由です。

最初はキロ7分ほどから入り、手探りならぬ足探り状態で10㎞をクリア、15㎞、20㎞と距離を伸ばし、これなら30㎞行けるなと確信。精神的にはキツかったのですがなんとか完走しました。時間にして3時間15分ほど、平均キロ6分30秒で終えました。この数字をなんと見るか。サブスリーは絶望的と捉える人も多いかと思います。しかし私はそう思いませんでした。30㎞を走ってもさほど足腰にダメージはありませんでした。ここらへんはさすがに山で距離を踏んだ地力がついていたのでしょう。不安だったふくらはぎにも違和感は出ず。逆にこれから調子を上げていけばサブスリーは何とかなりそうだとホッとしていたのです。

■多くのランナーはほんのちょっとの速度差を途方もないものに誤解している

ここまで読んできて「ちょっと待てよ、キロ6分30秒っていったらフルマラソンで4時間30分でゴールするペースじゃないか。こんなタイムでなんでホッとするんだ？」と思われるかもしれません。『走れ！マンガ家ひぃこらサブスリー』でも2ヶ月前までキロ6分だったのが、いきなりサブ3・5で走りきっているなんておかしいじゃないかと言われましたが、そこが調整期の妙。私からするとその速度差はほんのちょっとでしかないのです。

考えてみてください。サブスリーのペースは平均キロ4分15秒で42・195kmを走る事になります。キロ5分で走ると3時間半で完走、キロ6分だと4時間15分ほど。でもこのスピードで10mを走ると思ってください。キロ4分15秒だと2・55秒、キロ5分で3秒、キロ6分で3・6秒。42・195kmで考えてしまうと途方もない違いになるように見えて、実は10mだとたった0・5秒程度ずつしか差がないのです。

多くの人は、その少しでしかない速度差を途方もなく大きな壁が立ちはだかっていると自分で設定してしまいます。「無理、無理、そんなの無理！」と。

そうではありません。ほんのちょっとのスピードの差が42・195km走ると大きな距離の差となって表れるだけなのです。この時間差を短期間で埋めるのは何でしょうか？私はランニングフォームの向上と考えます。眠っていたマラソンのスピードを出す身体の動かし方を神経系に思い出させてあげればいいのです。速さを維持できる身体を呼び覚ましてあげるのです。スピードを出した短い距離走を何度も繰り返します。ランニングフォームを洗練させて巧緻性を上げていくのです。

■他のランナーと一緒に走る事で練習の効果は大きく違ってくる

まず、ふくらはぎの違和感はフォームが崩れているためではないかと思い、動画を撮ってチェックしてみました。私は普通フォアフット気味に着地するのですが、どうも踵着地が顕著になっている気がしていたのです。しかも右足だけ。確認するとやはり骨盤が後傾気味になって左右差も出ていました。富士登山競走、そしてハセツネとバックパックを背負っての練習ばかりしていたのでフォームが崩れてしまっていたのです。

骨盤の位置を修正して大転子を前に出すように意識すると、かなりいい感じで地面反力を感じるようになりました。5ｍほど先の地面からおへソを斜め下に糸で引かれているイメージです。ピタッと地面を水平移動するような感覚になりました。前週までの泥沼の中を走るような感覚とは全く違います。他にも腕振りの角度調整、ターンオーバーのタイミングなど短い距離を走って微調整しました。

意識するポイントを念頭に、その週の水曜日には10㎞のジョグをと考えて走り始めたのですが、キロ6分から徐々にペースは上がっていき、最後はキロ4分15秒まで上がりました。木曜日にはスプリント1分＋スロージョグ1分を20回実施。フォームをより洗練させてランニングエコノミーを高めるのに役立ちます。

金曜には擬似本番スタート走※。1000m×3回を実施。1回目4分、2回目3分50秒、3回目3分45秒。これで日曜のクラブの練習に行けると確信。

2週間前は20kmのペース走。キロ4分30秒で入り、集団でペースはキロ4分15秒で推移、最後は3分50秒まで上げてフィニッシュしました。結果は1時間29分、1週間前には6分30秒くらいだったのが嘘のようです。私がクラブの練習会を頻繁に利用するのは一人練習の時よりドーパミンやアドレナリンが出て練習の効果が大きく違ってくるからです。同じメニューを一人でやって、例え同じタイムで走ったとしても同じ効果は期待できません。人と走るのは嫌だと言う人もいますが、可能な限りペース走は他のランナーと一緒に走る練習会などを利用した方が、その後の走力が目に見えて違ってくると思います。

木曜には再度スプリント1分＋スロージョグ1分を20回実施。細かいスピード練習は神経系にダイナミックに刺激を入れられて、疲労もあまり残らないのでよくやっています。

一時期上がっていた体重もこの日に55kgまで落ちました。予定よりちょっと早かったけれどよしとします。

※擬似本番スタート走…『走れ！マンガ家ひぃこらサブスリー』で書いたトレーニングの一つ。レース時のスタートをイメージして行う1kmのインターバル走。一回終わるごとに4分以上時間を空けて心拍数を落とすのが肝。1km×3本程度。

レース前１週間の練習スケジュール（つくばマラソン 2017）

日曜	10km ペース走	キロ４分（舗装路）
月曜	10km ジョグ走	キロ４分 50 秒（土道）
火曜	疑似本番スタート走	キロ４分×３（ウッドチップ）
水曜	10km ジョグ走	キロ４分 50 秒（土道）
木曜	疑似本番スタート走	キロ４分×３（ウッドチップ）
金曜	5km ペース走	キロ４分（ゴムチップ）
土曜	200m（36 秒）×６回	キロ３分相当（舗装路）
日曜	つくばマラソン	42.195km

※ウォームアップジョグはいずれの日も土道をキロ６～８分で 20 分程度

■１週間前の味つけの妙が試される

そして１週間前の日曜の10㎞走です。ちょっと練習会で参加した集団のペースが速いと感じましたが、しょうがない。ついていきました。10㎞終わって40分、キロ４分で終了しました。まあ納得のタイムです。つくばに向けてのポイント練習は終了です。怪我をせずに追い込めて尻上がりに調子はよくなってきたので、後はこれを維持するだけです。レース前の１週間はスタートインターバルとジョグ10㎞（キロ４分50秒～５分10秒）で繋ぎました。

不安はありました。スピードは出せるようになってきました。しかしマラソン練習では重要な部分が欠けたまま残りました。本来だったら距離を踏んだあとに、それをスピード持久力に繋げる練習を積まなくてはいけません。つまり30㎞以上のペース走を何度走れたかが後半の粘りに繋がります。今回それをやれませんでした。距離とスピード、この二つの要素を繋げるブリッジ部分が欠けたままの暗雲が垂れ込めたサブスリー挑戦となってしまいました。

■それに加えて厚底シューズ問題

※Breaking2というイベントで話題になったＮＩＫＥのヴェイパーフライ４％（以下ＶＦ４％）というシューズはご存知でしょうか。日本でも東京マラソン２０１８で日本新記録を出した設楽悠太選手や福岡国際マラソン２０１７で快走した大迫《おおさこ》傑《すぐる》選手らが履いていた事でも有名ですよね。実業団や大学駅伝部などを席巻しています。ランニングエコノミーが４％上がるという研究結果がでています。単純にタイムとして表れているのかというと、２０１７年以降にＶＦ４％を履いて自己ベストを連発している選手は海外にたくさんいます。メジャーなマラソン大会の先頭集団のＶＦ４％着用率はとても高いです。

私は普段アシックスのターサージールを履いてフルマラソンは走ります。気に入っている部分は踵のヒールカウンターのしっかり具合。そしてソールは薄い。それに対してＶＦ４％はなんといいましょうか、見た目のごとくソールが分厚く、前足部はぽっくりのような硬さ、踵部分はプリンみたいな柔らかさなのです。どのくらいプリンなのかと言うと、

※ Breaking2…2017 年 5 月に NIKE が主催して 3 人のランナーがフルマラソン 2 時間切りの壁に挑んだイベント。

普段立っているだけでも不安定でグラつくレベルです。まったく真逆の特性を持つシューズです。

ターサージールは万人向けのモデルだと思います。それに対してＶＦ４％はうまく走るとカーボンプレートの高い反発力と共に前にドンドン足が回されます。しかし頑張って走ろうとすると逆にうまくスピードに乗れません。つま先で蹴らず股関節で足を回すようにシューズに矯正されるといっていいでしょう。

しかし踵部分の柔らかさは不安材料でした。ＶＦ４％は本当に速度域に合った繊細で丁寧な着地を求められるシューズなのだと思います。踵から着地するとグニャと底突きする感覚すらあります。つまりフォアフットは必然なのです。そういう意味では前半は前足部でフォアフット着地を維持できたとしても、後半疲れてグラグラとした踵着地になった時に厳しい結果になるやもしれないと思いました。

実際、駅伝やフルマラソンでＶＦ４％を履きつつも苦しい表情を浮かべて失速する選手も多いのです。合う選手と合わない選手がいるように思えました。私自身、１０００ｍの短い距離でタイム計測した結果、ターサージールとＶＦ４％のタイムはほぼ同じでした。長い距離はどうなるのか未知数です。海外の市民マラソンのデータではＶＦ４％は後半の落ち込みが有意に少なかったという報告があります。ＶＦ４％が好結果を生み出してくれる可能性もありました。しかし考えた末にターサージールの経験値に比べ、まだ距離を走った事がないＶＦ４％は30㎞以上は読めなさ過ぎるという結論に達しました。とにかく今回は２０１７年の三連戦の結果が大事。つくばでサブスリーを達成しなくてはいけない。失敗は許されません。チャレンジはできない。ＶＦ４％は今回の使用を諦めました。

■そして因縁のつくばの地に降り立つ

さていよいよ２０１７年11月26日（日曜日）つくばマラソン当日です。木曜日からカーボローディングを開始してエネルギーも充填されました。茨城県つくば市は秋葉原からつくばエクスプレスで１本と、都心からのアクセスも悪くないです。一泊しなくてもスタート時刻にじゅうぶん間に合います。研究学園駅からシャトルバスも出ていますが、待たされる場合が多く、私はウォーミングアップがてらにつくば駅から軽いジョグで15分くらい掛けて会場に到着しました。２０１６年は前日に降った雨で着替えのテントが浸水してえらい事になっていましたが、今年はテントに入ると養生シート一枚とはいえテント内は人いきれで底冷えする寒さから体を守ってくれました。

とはいえ外気温は午前8時の時点で3度、すごく寒いです。１００円ショップで買ったレインウェアの上下を着込んで外に出てジョグを繰り返しますが、寒過ぎて汗が全然出ずじまい。大会のスタート直後に防寒に使用したであろうビニール袋やレインウェアが道端に捨ててある写真を提示してマラソンランナーの道徳のなさを煽る記事を見ますが、冬場の早朝で気温が0〜5度と低い中、スタート前に薄着で長時間待機する身になってほしいと思います。体脂肪が少ないランナーは低体温症に陥る場合もあるでしょう。怪我のリスクも高まります。もちろんボランティアや大会役員の方々が善意で回収してくださる場合もありますが、厳冬期のマラソンは体調管理の意味でも大会側はスタート時にはゴミ箱を公式に用意して周知を徹底すれば、ゴミとしての散乱も防げるのではないでしょうか。もちろんランナーも道端に捨てずきちんとゴミ箱に入れるマナーは守るべきと思います。

■一年の成果を見せる時。最後の戦いの号砲が鳴った！

9時に号砲が鳴り、選手は一斉にスタートです！さあ、2017年魔の三連戦の最後の戦いです。今こそ徹夜続きで締め切りを死守し続けたマンガ家魂を見せる時！なぜかレッドツェッペリンの『アキレス最後の戦い』が頭の中に流れました。先頭の選手は瞬く間に見えなくなって列は長くなっていきます。ペースを見るとキロ4分5秒。そこまで無理に上げているつもりもなく呼吸も苦しくありません。いい感じです。去年はふくらはぎの痛みにアップアップな感じで無理をして同じくキロ4分5秒。今回、足に痛みはありません。

しかし足裏が寒過ぎなのか、普段なら走り始めると温まりますが、5㎞ほどずっと痺れてる感じがありました。10㎞先のクリーンセンターの給水3まで4分一桁で押していけました。去年リタイアしたところです。調子はいいようです。去年の自分を越える事ができ、ひとまず安心。そこからは未知の領域です。

つくばマラソンのコース紹介動画は見てきたので、大体の位置関係は頭に入っていたつもりでした。しかし15㎞地点あたりで、「アレ？どこ走ってるのかな？長いな、次の曲がり角どこなんだろう？」と思い始めました。段々と脳も疲れてきたのでしょう。そもそもつくばマラソンのコース自体は変わり映えしない同じような景色が続きます。北向きに走っているとランドマークの筑波山が正面に見えて何となく方向感覚もあるのですが、南向きに走っていると特にランドマークもありません。ようやく中間地点21・1㎞の豊里交流センター北の交差点に何とか到着。1時間27分41秒で通過。2分19秒ほどの貯金ができました。2016年の水戸黄門漫遊マラソンの時より42秒遅いタイム。後半はこれを切り崩して進む事になります。

しかし出走前に抱いていた不安は的中。25㎞あたりでかなり足のバネが失われてきた事に気づきました。予想していた通り、距離走ができていなかったツケが早くも回ってきました。「それにしても早過ぎる。まだ30㎞もいっていないのに……」

タイムも徐々に落ちてきて焦り始めて携帯していたエナジージェルを飲みました。しかしあまり効果は感じられません。とにかく股関節を動かし、バネがなくなってペタペタとしか地面につけなくなった膝下を前にとにかく進ませます。ストライドが出ないので普段185程度のピッチを195まで上げて対処。キツいです。あと17km……、まだそんなにあるのか。このまま撃沈してしまったらどうしよう。「せっかく富士登山競走やハセツネCUPで頑張ったのに……」。着地衝撃をすごく感じて股関節周りも痛くなってきました。ターサージールの靴底は薄く、地面の衝撃をもろに受けます。そんな時にVF4%を履いている選手に勢いよく抜かれました。「ああ、やはりヴェイパーを履けばよかったんだ」と気が滅入り、シューズの選択を誤ったんではなかろうかと後悔しました。そうなると負の連鎖です。途端にやめる言い訳を考え始めて、それに呼応するように全身の痛みが襲ってきます。つくばエクスプレス高架をくぐるあたりの27km付近で足がさらにキツくなってきました。でもここでやめるわけにはいかない。第三弾のタイトルにも「サブスリー」とつけるために負けられない戦いがそこにはありました。

研究学園西の折り返し地点で所属クラブのOさんに抜かれました。同じく50代。単身赴任のうえ出張も多いハードスケジュールの中、全国の大会に挑戦し続ける鉄人です。なんとか粘ってついていきます。Oさんもかなりキツいようでお互いキロ4分30秒から上がり

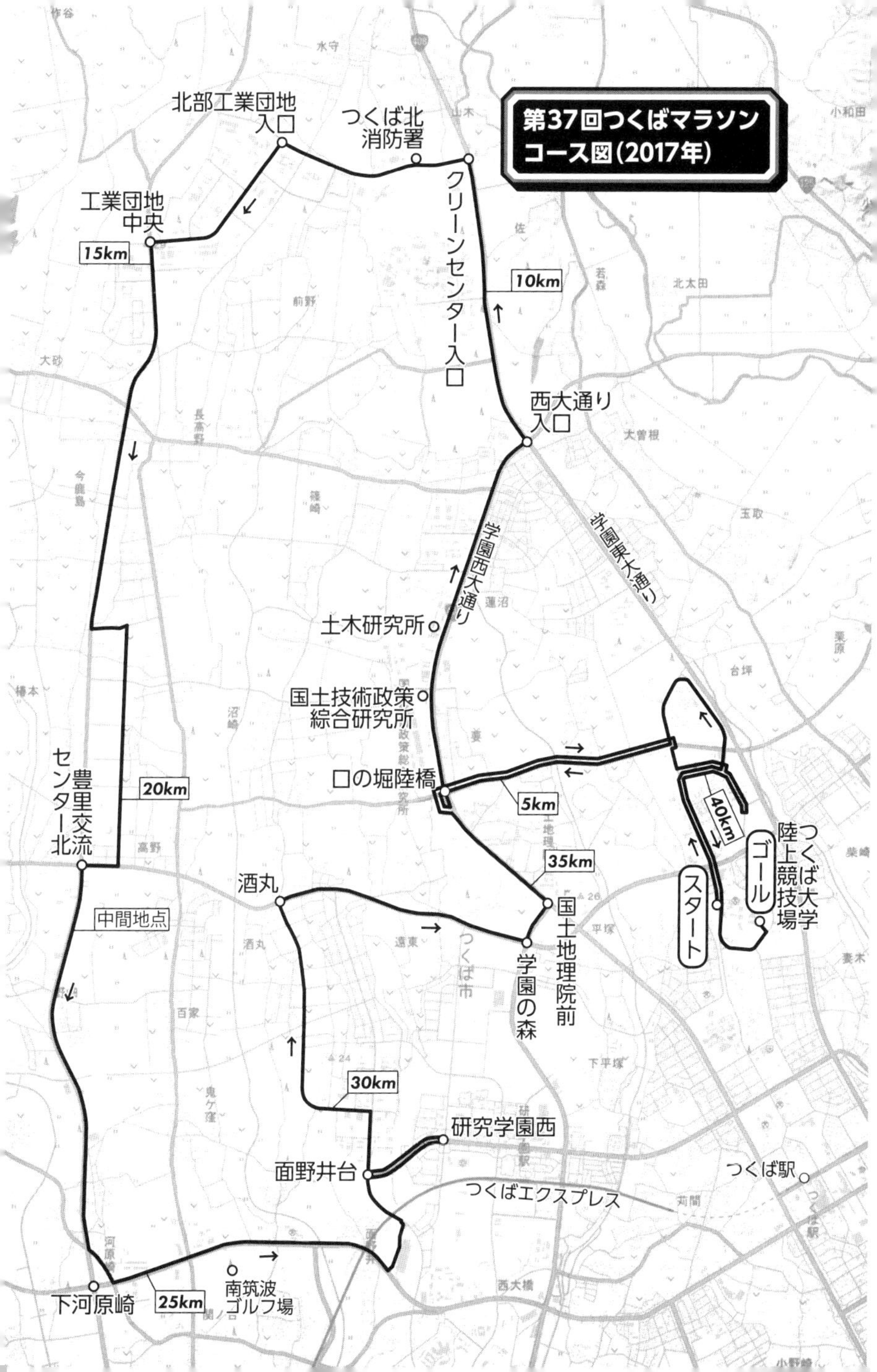
第37回つくばマラソン
コース図（2017年）
北部工業団地入口
つくば北消防署
クリーンセンター入口
工業団地中央
15km
10km
西大通り入口
学園西大通り
学園東大通り
土木研究所
国土技術政策総合研究所
口の堀陸橋
5km
40km
スタート
ゴール
つくば大学陸上競技場
20km
豊里交流センター北
35km
酒丸
国土地理院前
学園の森
中間地点
30km
研究学園西
面野井台
つくばエクスプレス
つくば駅
下河原崎
25km
南筑波ゴルフ場

ません。1㎞につき15秒の貯金残高が減っていきます。「Oさんとサブスリーいきますよ!」と鼓舞。Oさんも「おっしゃ〜!」と叫びます。隣を走っていた選手も「4000㎞走ってきたんだから、残りの10㎞なんてなんて事ない!」と叫びました。私もOさんも「おお〜‼」。同じクラブ所属のHさんの顔も研究学園西の折り返しで見つけてエールを交歓。中年男たちの熱い時間の共有です。

テンションが上がりキロ4分5秒までペースも一時上がりました。30㎞を過ぎるとまた走る方向に筑波山が見えてテンションもアップ。しかし足はきついままです。学園の森手前のお汁粉ポイント※のあたりではもう足が完全に終わって、ただ足を漕ぐしかありませんでした。Oさんも徐々に離れていく。ストライドが出せずピッチを多くしてとにかく前にもがくように進みます。ここらへんになるとランニングフォームは崩れ放題、維持できませんでした。もう残るは気持ち、それだけです。

国土地理院前を曲がって35㎞を通過。徐々に終わりが近づいている事を感じます。行きの時に5㎞過ぎに下った口の堀陸橋までもうすぐです。そのあとはほぼ折り返す感じでゴールに向かいます。あと5㎞ちょっとだ、もうすぐだと自分を鼓舞します。しかしそこからが長かったです。前半、下る時は一瞬だった陸橋を登るのが長くキツいキツい。足が終わっているのに我慢して坂道を登るのがもうメッチャ苦しかった。

※お汁粉ポイント…つくばマラソンの名物。34km の給水所にある。

「あれ？・」さっき勢いよく抜かれたＶＦ４％を履いた選手がペースダウンして何度も足を気にしていました。横を走り抜けます。その頃になると歩いていたりジョグペースに落ちてしまっているランナーが何人もいました。たぶん色々な理由があると思います。身体は何ともなくても苦しくて自分自身に負けてしまった人もいるでしょう。でもその気持ちはフルマラソンを最後まで走りきった人なら誰でもわかるはず。スピードを落とす理由はいくらでもあります。気持ちが折れた時点で足に急激な痛みが走ります。心臓だって肺だって苦しい。ほんのちょっとペースを落としたい。頼むからあと少しだけ……！でもそうするとサブスリーは諦めざるをえない。東京マラソン２０１８でマラソン男子日本新記録を樹立した設楽悠太選手もインタビューで「30㎞からは気持ちです」と言っていましたが、本当にそう思います。

手の甲に書いた5㎞ごとの時間を確認すると、今のところギリギリでサブスリーのペース。しかしもう後半はがた落ちで、貯金はドンドン目減りして残高ナシ！ほぼ尽きかけています。全然ペースを落とす余裕なんてありませんでした。逆に今上げないと3時間を超えてしまう可能性大です。ここまで3時間近く限界走行で頑張ってきて、1年で大会を3本定めて必死に走ってきて、最後の最後でやっぱりダメだった……とガッカリするなんて絶対に嫌だ！仲間が待っている。仲間と勝利の美酒を酌み交わしたい。死んでも諦めきれない。3時間から1秒でも超えたら天と地ほどの差が待っているんだ!死ぬ気で頑張れ、いや死んでも頑張れ!!と自分を鼓舞しました。

とはいえ「もう無理かも」と弱気な自分も数秒後には顔を出します。周りのみんなが楽に走っているように見えて、自分だけが苦しいような感覚に陥ります。40㎞手前の折り返しも遠くて遠くて「まだかよ!」と声にならない声を上げました。沿道の声援も五分五分で「サブスリーいける!」というのと「頑張らないと厳しいよ!」と半々。時計を見ても59分は確実に超す事がわかりました。本当にその時は自分に負けそうになりました。そして折り返しのポイントでランナー仲間のHさんを発見。40代の彼は走力はあるのにサブスリーまで何度も足踏みして、そして気持ちが入り込み過ぎたのか別府大分マラソン前日に2年連続して高熱を出してしまってDNSに泣いた苦労人。スライドする時に彼の顔を見えて声を掛けました。しかし彼は苦痛に顔を歪ませて気づきません。泣いているようにも見えました。「そうなんだ。苦しいのは自分だけじゃないんだ!」と足が少し生き返りました。

41㎞付近でやはり古くからのラン友のMさんから声を掛けられました。彼女は有名マラソンブロガーで彼女の口癖は「ひぃこら」。そう、私の第一作目の『走れ!マンガ家ひぃこらサブスリー』はMさんの口癖からインスパイヤされたものです(笑)。「みやすさん!

粘って！粘って！ゴールすぐ!!」。その声でゴールが近いんだと我に返り、気持ちが前向きになりました。「悔いのないように！」。これで負けたらダメだ！競技場入口からはもう足が壊れてもいいと思ってダッシュしてゴールのゲートをひぃこら駆け抜けました。

ネットタイムで2時間59分18秒、グロスタイムで2時間59分23秒、ギリギリのサブスリー達成でした。つくばマラソン2015年、2016年のリベンジ達成です。三度目の正直！

Oさんも無事サブスリーでゴールしてお互いに称え合いました。しかしその数分後Oさんは全身が痙攣状態に陥り、担架で医務室に運ばれていく事になります。彼も体力の限界をとっくに越えていたのです。本当にあっぱれです。

■やってきた事は無駄じゃなかった。全ては繋がっていたんだ

55歳のサブスリーはほろ苦いものとなりました。ラップタイムは5kmごとのペースですが、見事なビルドダウンです。しかし後半タイム÷前半タイムの数値は104・58%。後半の落ち込みを最小限度に食い止めて粘りに粘りまくったレースと言えましょう。これを書いている今でも30km過ぎの苦しさは思い出すだけでげんなりするほどのトラウマです。

ネットタイムだと2時間59分18秒。ハーフタイムの貯金2分19秒＝139秒からゴール時には42秒にまで切り崩していました。つまり42・195kmで1kmあたり1秒ずつ遅かっ

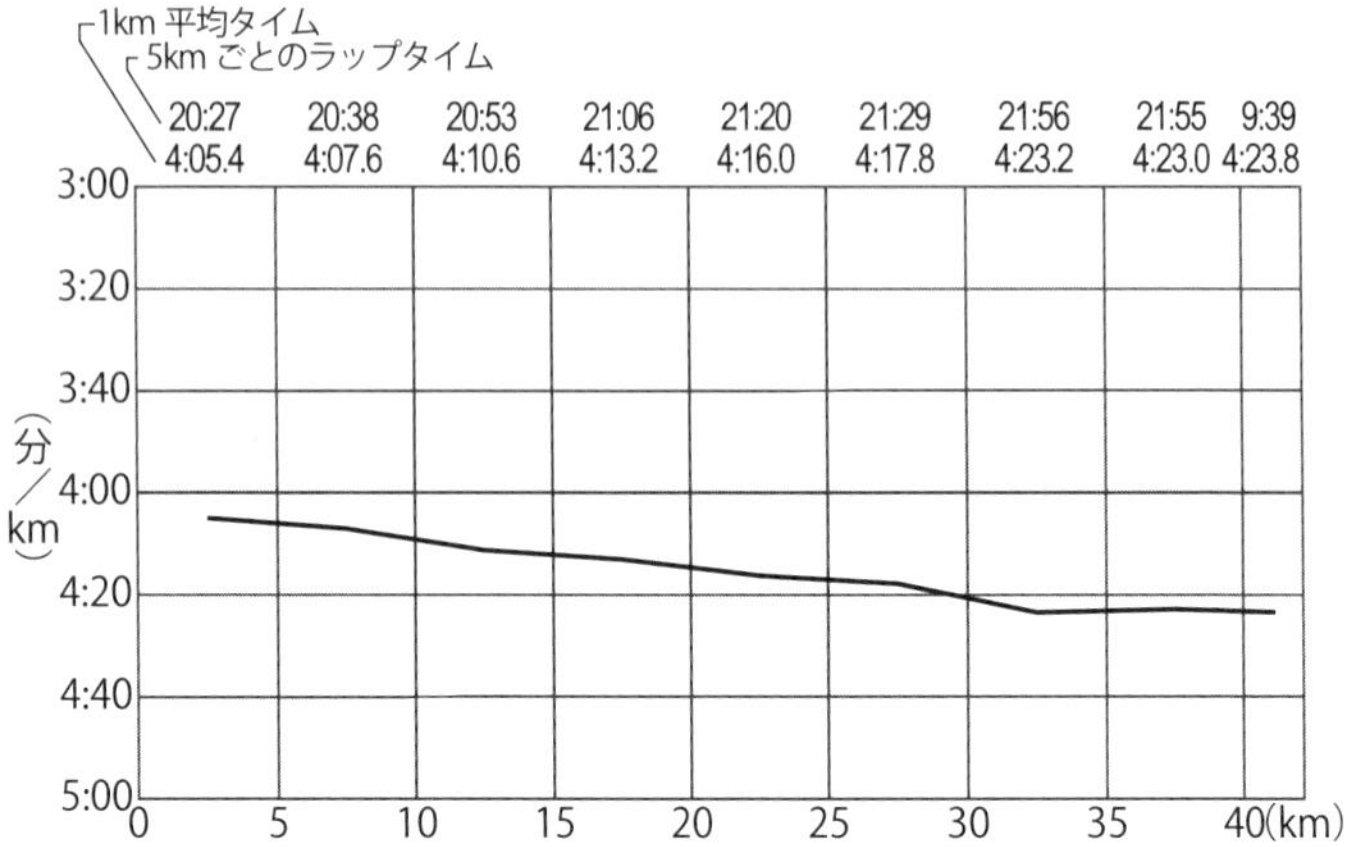

2017 つくばマラソン
ペースの変化（5km ごとの平均）

第 37 回つくばマラソン
2017 年 11 月 26 日

5km ごとのラップと結果

通過点	スプリットタイム	ラップタイム
5km	0:20:27	
10km	0:41:05	0:20:38
15km	1:01:58	0:20:53
20km	1:23:04	0:21:06
中間	1:27:41	
25km	1:44:24	0:21:20
30km	2:05:53	0:21:29
35km	2:27:49	0:21:56
40km	2:49:44	0:21:55
Finish	2:59:23	0:09:39

ゴール　2 時間 59 分 23 秒

天気　晴れ
　　最高気温 16.8℃　最低気温 1.1℃

男子　優勝　藤原　新　2:18:08
　　2 位　井上直紀
　　3 位　金子晃裕
女子　優勝　松本恭子　2:49:05
　　2 位　水清田有紀
　　3 位　平賀恵子

出走者　12546 名　完走者 11891 名
完走率　94.8%

たら、達成できなかったわけです。逆に言うと1秒ずつでも削る事ができたからサブスリーを達成できたとも言えます。駅伝で「その1秒を削り出せ」とよく言われますが、練習量が落ちて満足に走れなかったぶん、精神力が試されたレースでした。どのコーナーも漫然と曲がらず丁寧なアウトインアウトを心がけ最短距離を走りました。レース後半にキロ4分23秒台で何とか粘れたのは体重を55kgまで下げて着地衝撃の蓄積を最小限に抑えた事が大きいと思います。体重を落としきれていないランナーは、それだけで5分〜10分違ってくるのに、勿体ないなといつも感じます。

そしてつくばマラソンを運営しているスタッフ、ボランティア、沿道の応援の方々の暖かいご声援にも助けられました。2016年のリタイア時に毛布やジャンパーを掛けてくれたスタッフの皆さんの優しい労いの言葉を思い出しました。後半は身体じゅうの痛みと闘ってずっとずっと苦しかった。でも絶対に苦しさから逃げなかった。気持ちは折れなかった。2017年は最後まで勝負を捨てませんでした。これは富士登山競走とハセツネCUPで培った精神持久力のおかげかもしれません。そして今年一番最初の大会、ハセツネ30Kで後半を投げてしまってずいぶん順位が下がってしまった失敗の経験が生きた瞬間でした。全ては繋がっていました。

珍しく編集さんから先にメールが届きました。速報のアップデートを見てくれていたみたいです。「すごいです。完璧なグランドスラムですね。結果ももちろん、その努力の過程には畏敬の念しかございません。もう何も反論できません。恐れ入りました」

全然完璧じゃないんです……と思いましたが、少しの間は戦い抜いた身体を癒してあげましょう。研究学園駅前でランニング仲間と美酒に酔いしれました。２０１７年、魔の三連戦はこれにて無事終了です。

おわりに

最後まで読んでいただきありがとうございました。

おかげさまで私はフルマラソンに注力して、結果サブスリーを出せるレベルまで走力が向上したわけですが、一方で実業之日本社の第一弾『走れ！マンガ家ひぃこらサブスリー』をご覧になった読者の中には、私が中高年50歳になってランニングを始めたきっかけは、友人たちとの山登りで後れを取り「デブは自分に優しい」と皮肉られて、これは体力をつけなくてはならないなと自覚した事だったのを覚えていらっしゃる方もいると思います。そういった意味で私にとっては山は畏怖の存在であり、いつしか克服しなくてはならぬ宿題だったのだと思います。

その登山中は本当に苦しく「あ〜、もう二度とこんなところには来まい」と思いましたが、頂上から眺める景色はそんな考えを吹き飛ばすほど素晴らしくとても達成感がありました。第二弾『「大転子ランニング」で走れ！マンガ家53歳でもサブスリー』の出版時にもし第三弾を出せるとするならば、山の分野ではないかと胸に秘めたる思いがありました。実は第二弾でも坂道や階段のランニングについて触れている章が発売前はあったのですが、書けば書くほどページ数が増えていってしまったために結局、勾配のついた状態でのランニングについては外す事にして一切触れないまま第二弾は発売となりました。

それらは「第三弾が出る時があったら……」とお蔵入りとしたのです。バーチカル方向に振った本を出すにあたっては、第一弾、第二弾の本においてのサブスリーと同じく、説得力がなくてはいけません。私なりに体当たり取材というか大会に出て結果を残すハードルを設定しなくてはいけないのだろうと思っていました。そして2017年度における最高難易度のボスキャラ、富士登山競走と日本山岳耐久レースの二つに挑戦という事に繋がります。そう考えると編集さんの私をギャフンと言わせてやろうというムチャ振りは、実は私にとって渡りに船だったのかもしれません。私だけではこんな挑戦は考えなかったと思います。「はじめに」に書いた旅ラン企画の提案は自分自身からの逃避だったのでしょうか。背中を押してくれた編集さんに感謝いたします。幸いにして「みやすさんが死んじゃいそうになるような……」展開にはなりませんでしたし（笑）。

今回なかなかの仇キャラとして登場した実業之日本社の担当編集さんですが、もちろん色々な面で協力をしていただきました。なかでも本書に載っているハセツネCUP日本山岳耐久レースや富士登山競走の立体的な地図は編集さんが国土地理院のデータを元にカシミール3Dというソフトで徹夜作業で何日も掛けて作成してくれたものです。私のあれこれワガママな注文に応えてくれました。富士登山競走にしてもハセツネCUPにしても真上から見た地図や断面図はありますが、このような高低差を立体図でわかりやすく表現されたものは今まで皆無だったのではないでしょうか。

また、写真はただ羅列するだけでは臨場感に乏しいと思い、地図に合わせてどこの地点かわかりやすいようにしました。一枚一枚のサイズは小さくなってしまいましたが、写真をなるべく多く載せるための苦肉の策としてご理解していただけたら幸いです。

これらの地図はレースに挑戦しようと思っているランナーにはとても参考になると思います。私もレース前に見て研究したかったです。そして地図を眺めているうちにまた山に行きたくなりました。とりあえずこの本を書き上げたら御岳山あたりにのんびり登ってこようかと思います。

最後になりましたが、私のレース参加に際して寛大かつ丁寧な対応をしていただいた富士登山競走実行委員会事務局、日本山岳スポーツ協会日本山岳耐久レース実行委員会の皆さまに本当に感謝いたします。ありがとうございました。

みやすのんき　2018年5月16日

著者：みやすのんき

1962年生まれ。東京都出身。『やるっきゃ騎士』（集英社／月刊少年ジャンプ）にてデビュー。代表作に『冒険してもいい頃』（小学館／週刊ビックコミックスピリッツ）、『桃香クリニックへようこそ』、『厄災仔寵』（共に集英社／週刊ヤングジャンプ）、『うわさのBOY』（集英社／週刊少年ジャンプ）、『へビメタ甲子園』（小学館／週刊少年サンデー）など。
近年はランニング、ウォーキングなどスポーツや健康関連の実用書も出版。趣味は散歩、食べ歩き。

装丁・本文デザイン／秋庭崇（Banana Grove Studio）
DTP／BGS制作部（Banana Grove Studio）
編集・地図作成／磯部祥行（実業之日本社）

サブスリー漫画家《まんがか》 激走《げきそう》 山《やま》へ！

2018年6月11日　初版第1刷発行

著　者……………みやすのんき
発行者……………岩野裕一
発行所……………株式会社実業之日本社
〒153-0044　東京都目黒区大橋1-5-1クロスエアタワー8階
電話【編集部】03-6809-0452
【販売部】03-6809-0495
http://www.j-n.co.jp/
印刷・製本………大日本印刷株式会社

ISBN 978-4-408-33800-2（第一趣味）